KLEINE
BETTLEKTÜRE
FÜR ALLE, DIE
IHR FAHRRAD
LIEBEN

Kleine Bettlektüre für alle, die ihr Fahrrad lieben

Scherz

*ISBN 3-502-39602-7
Scherz Verlag, Bern München Wien
Alle Rechte an der Auswahl vorbehalten
Das Copyright der einzelnen Texte liegt bei den
im Quellenverzeichnis genannten Inhabern
Umschlaggestaltung:
Bernd und Christel Kaselow, München,
unter Verwendung einer Illustration
von Tilman Michalski*

INHALT

RICHARD DEHMEL
Radlers Seligkeit — 7

Die Geschichte des Fahrrades in Kürze — 8

HANSJÖRG SCHNEIDER
Lob des Velos — 10

WILHELM WOLF
Radfahrer und Radfahren — 12

Die lenkbare Laufmaschine des
Freiherrn von Drais — 14

Stichwort: Velocipede — 19

SANITÄTSRAT DR. KUNTZE
Die gesundheitlichen Auswirkungen
des Velocipedfahrens — 20

IRENE DIKKERS
Radfahren ist gesund — 25

Sittliche Entrüstung — 29

MARY FLÜCKIGER
Eine September-Radlerfahrt Anno 1904 — 30

Oberpolizeiliche Vorschriften von 1898 — 46

WILHELM WOLF
Das Erlernen des Radfahrens — 48

SIEGFRIED LENZ
  Windfahrt   53

HANS BLICKENSDÖRFER
  Der Sieger   59

FERDINAND KÜBLER
  Früh übt sich, was ein Weltmeister
  werden will   66

DONALD AHRENS
  Knigge für Radfahrer   86

HEINZ LÜTHI
  Regen   91

DONALD AHRENS
  Der Fahrradklau geht um   102

KURT TUCHOLSKY
  1372 Fahrräder   106

EMILE ZOLA
  Der Ausflug   109

QUELLENVERZEICHNIS   123

RICHARD DEHMEL

Radlers Seligkeit

Wer niemals fühlte per Pedal,
dem ist die Welt ein Jammertal!
Ich radle, radle, radle.

Wie herrlich lang war die Chaussee!
Gleich kommt das achte Feld voll Klee.
Ich radle, radle, radle.

Herrgott, wie groß ist die Natur!
Noch siebzehn Kilometer nur.
Ich radle, radle, radle.

Einst suchte man im Pilgerkleid
den Weg zur ewigen Seligkeit.
Ich radle, radle, radle.

So kann man einfach an den Zehn
den Fortschritt des Jahrhunderts sehn.
Ich radle, radle, radle.

Noch Joethe machte das zu Fuß,
und Schiller ritt den Pegasus.
Ick radle!

Die Geschichte des Fahrrades in Kürze

Schon im Altertum und im Mittelalter gab es Fahrzeuge, welche mit Muskelkraft fortbewegt wurden. Die Geschichte des Fahrrades beginnt aber erst Ende des 18. Jahrhunderts:

1791 Graf J. H. de Sivrac stellte in Paris das zweirädrige Fahrrad vor, das aber noch keine Lenkung hatte. Ein starrer Holzrahmen verband die beiden Räder. Dieses Laufrad, «Célérifère» genannt, wurde vor allem als Spielgerät für Erwachsene benützt.

1817 Der badische Forstmeister Karl Freiherr von Drais baute die erste lenkbare Laufmaschine, die «Draisine». Nachahmungen wurden in der Folge in ganz Europa gebaut. Die «Draisinen» dienten hauptsächlich für Sport und Freizeit.

1861 E. und P. Michaux konstruierten ein Tretrad mit zwei Pedalen am Vorderrad, die «Michauline». Sie wurde in den folgenden Jahren in Serie hergestellt. Auf ebener Strecke konnten damit schon Geschwindigkeiten von 20 km/h erreicht werden. Die «Michauline» war das erste Fahrrad mit Bremse.

1870/1871 Die Engländer James Starley und William Hunter ließen den «Ariel», das erste Hochrad, patentieren. Hochräder waren nachher stark verbreitet. Sie wurden vor allem als Sportgerät gebraucht, denn es ließen sich damit schon Geschwindigkeiten von über 30 km/h erreichen. Da Hochradfahrer sehr oft schwer stürzten, wurden die Modelle immer wieder abgeändert, so daß nach 1880 auch Drei- und Vierräder auf den Markt kamen. Diese waren sicherer als Hochräder, aber auch langsamer und schwerer.

1885 Das Sicherheits-Niederrad «Rover» der Engländer J. K. Starley und W. Sutton entstand. Es war schneller als die Hochräder und beeinflußte die künftige Entwicklung des Fahrrades wegweisend.

Die Technik des Fahrrades entwickelte sich weiter: *1880* erfand der Ire John Boyd Dunlop den gebrauchsfähigen Luftpneu, und um *1890* entstand der Fünfeckrahmen, mit welchem Fahrräder auch heute noch ausgestattet sind. Ein wichtiges Jahr war *1904:* Ernst Sachs konstruierte die «Torpedonabe», die Rücktrittsbremse. In den folgenden Jahren wurden die Fahrräder mit Wechselübersetzungen, Felgenbremsen, Gepäckträger und Beleuchtung ausgestattet. Die Sicherheit, der Komfort und damit auch die Beliebtheit des Fahrrades nahmen stetig zu, weshalb es heute sowohl als Freizeit- und Sportgerät wie auch als Verkehrsmittel weit verbreitet ist.

HANSJÖRG SCHNEIDER

Lob des Velos

Das Velo ist die sinnvollste Erfindung der letzten 100 Jahre. Es frißt kein Heu. Es glänzt. Du kannst auf ihm durch die Stadt und über Land fahren. Du kannst ziemlich viel Bier trinken und dich auf dem Heimweg am Velo anlehnen. Parkprobleme gibt es keine. Du kannst es überall abstellen. Das Velo macht keinen Lärm und stinkt nicht. Wenn du auf ihm durch die Stadt fährst, kannst du laut pfeifen oder singen. Das macht nicht nur dich fröhlich, das steckt auch die anderen Menschen an.

Die Vietnamesen haben den Krieg gegen die USA dank dem Velo gewonnen. Jeder chinesische Vater fährt Velo.

Ferdi Kübler, der größte Schweizer, war Velorennfahrer. Hopp Ferdi! und Ferdi spult geduckt über den Gotthard.

Du kannst auf dem Velo einen Korb Äpfel

transportieren oder auch ein Mädchen. Wenn dir jemand im Weg ist, kannst du klingeln.

Die meisten Autofahrer hupen, wenn ihnen jemand im Weg ist. Wenn derjenige, der im Weg ist, nicht aus dem Weg geht, überfahren sie ihn. Ein Auto fährt über Menschen, ein Velo nicht. Ein Auto tötet, stinkt, lärmt, ein Velo nicht. Vom Velo herunter winkst du und rufst «Salü», aus dem Auto heraus machst du die Faust und rufst «Arschloch». Das Auto ist klein, aber dein, das Velo ist offen und gehört allen. Das Velo ist wie die Indianer am Aussterben. Man muß ihm helfen.

Am Auto verdient der Hersteller 1000 Franken, am Velo nur fünfzig. Am Auto verdienen die Benzinverkäufer ihr Weekendhaus, ihr Motorboot auf dem See und ihre gewichtige Stimme im Gemeinderat. Am Velo verdienen sie nichts.

Im Auto wird jedermann zum Kleinbürger: Hier komm ich, geh weg! Auf dem Velo wirst du zum freien Menschen.

Das Auto hat die letzten vier Wände, die dem Kleinbürger gehören. Die Wohnung gehört nicht ihm, der Arbeitsplatz gehört nicht ihm, der Park, in dem er spaziert, gehört nicht ihm, nichts gehört ihm außer dem Auto. Deshalb verteidigt er seine Blechkiste bis zum Äußersten.

Auf dem Velo bist du ein Nomade. Da du dich frei bewegen kannst, hast du keine vier Wände nötig.

In den Straßen unserer Wohnquartiere stehen pro Meter für 1000 Franken Auto. Dafür wird schwer gearbeitet. Der Autobesitzer ist ein Sklave. Er muß verdienen, damit er rollen kann. Er glaubt, er sei frei, wenn er sich in die stehenden Kolonnen einreiht. Auf den Asphaltpisten, die das Land unterteilen, fährt er über Igel, Hasen und Füchse. Da kennt er nix.

WILHELM WOLF

Radfahrer und Radfahren

Wie nicht jeder ein Reiter ist, der ein Pferd besitzt und dann und wann einmal dasselbe besteigt, um es zur Schwemme zu reiten oder es sonstwie zu prosaischen Zwecken zu verwerten, so ist auch nicht jeder Besitzer eines Fahrrades Radfahrer im höheren Sinne. Arbeiter, welche aus den Vororten größerer Fabrikstädte auf hohen Zweirädern des Morgens in ihre Werkstätten eilen und des Abends die Maschine dazu benutzen, um wieder möglichst rasch nach Hause zu gelangen, oder Chausseebeamte, die mit ihren Rädern die Wegestrecken befahren, welche ihrer Aufsicht unterstellt sind, ferner Markthelfer und Geschäftsgehilfen, die vermittelst Dreiräder Waren zu befördern haben etc., vermögen wir nicht zu den Radfahrern zu zählen.

Radfahrer im höheren Sinne sind uns nur solche, welche das Radfahren sportsmäßig betreiben. Und hierzu rechnen wir auch diejenigen mit, welche dabei, obwohl sie mit dem Radfahren einen bestimmten praktischen Zweck verbinden, wie die Herren Ärzte, die auf ihrem Rade ihre Patienten aufsuchen, oder die Herren Gerichtsvollzieher, die auf demselben die Opfer der Justiz heimsuchen, das sportsmäßige Äußere wahren. Dieses letztere sehen wir nicht etwa nur in dem Umstande, daß der Radfahrer sich in einem Anzuge zeigt, an welchem man ihn sofort als solchen erkennt, auch wenn er nicht auf seinem Rade sitzt, also in einem sogenannten Radfahreranzuge, sondern hauptsächlich darin, daß sein ganzes Auftreten ein solches ist, wie es die Engländer mit dem unübersetzbaren Worte *gentlemanlike* bezeichnen. Wer allerdings einem der vielen Radfahrervereine angehört, dem ist das Tragen von Kleidung nach einem bestimmten Schnitt vorgeschrieben, sofern er als Mitglied nach außenhin auftritt. Diese Radfahrerkostüme sind zumeist recht kleidsam; diejenigen aber, welche das Radfahren zu geschäftlichen Zwecken oder aus gesundheitlichen Rücksichten betreiben, tun besser daran, zumal wenn sie nicht mehr in jüngeren Jahren sind, sich in gewöhnlicher bürgerlicher Kleidung auf das Rad zu setzen. Denn älteren Herren geziemt es, äußerlich alles zu unterlassen, was das Radfahren in den Augen der großen Menge der Bevölkerung lächerlich zu machen geeignet ist; nur dann wird das letztere auch bald von solchen geübt werden, die ihm bisher aus gesellschaftlichen Rücksichten noch fernstanden. Nach unserer Ansicht soll sich also jeder ältere Radfahrer von allem Phantastischen in seinem Äußeren fernhalten, und er soll besonders auch das Streben nach Orden und Medaillen jüngeren Leuten überlassen.

*Die lenkbare Laufmaschine des
Freiherrn von Drais
Aus der Patentschrift von 1818*

Beschaffenheit und Eigenschaften

Diese Erfindung ist aus dem einfachen Gedanken entstanden, einen auf zwei Rädern befestigten Sitz mittels der Füße fortzubewegen.

1.) Bergauf geht die Maschine, auf guten Landstraßen, so schnell als ein Mensch in starkem Schritt.

2.) Auf der Ebene, selbst sogleich nach einem starken Gewitterregen, wie die Staffetten der Posten, in einer Stunde 2.

3.) Auf der Ebene, bei trockenen Fußwegen, wie ein Pferd im Galopp, in einer Stunde gegen 4.

4.) Bergab, schneller als ein Pferd in Carrière.

Zur Grundlage meiner Theorie bediente ich mich des sehr bekannten Mechanismus des Rades und wendete dasselbe in einfachster Weise auf den Gang des Menschen an. Mit Bezug auf die Kraftersparnis kann man also diese Erfindung mit der (sehr alten) Erfindung der gewöhnlichen Wagen vergleichen. Gerade wie das Pferd vermittelst eines gut gebauten Wagens mit größter Leichtigkeit sowohl den Wagen als auch die darauf befindliche Last ziehen kann, obwohl es die Ladung allein auf dem Rücken nicht tragen könnte, so kann auch der Mensch mittels des Velocipeds (dessen Gestell und Naben sehr leicht sind) seinen Körper leichter befördern, als wenn das ganze Gewicht auf den Füßen desselben ruht. Diese Tatsache ist um so mehr unbestreitbar, als man mit dem Velociped, welches nur in einer Spur läuft, fast immer die besseren Teile des Weges benutzen kann. Auf einem harten, festen Weg gleicht die Geschwindigkeit des Velocipeds ungefähr der eines geübten Schlittschuhläufers, wie denn beide Bewegungen im Princip dieselben sind.

Das Velociped läuft tatsächlich, während der Fahrer sich kurze Zeit ausruht, mit derselben Geschwindigkeit, als wenn die Füße in der größten Bewegung bleiben, und bergab schlägt es die

besten Pferde um eine bedeutende Strecke, ohne
daß man dabei häufigen Unglücksfällen ausgesetzt
ist, weil man unabhängig von der Bremse, welche
sich durch die Bewegungen eines Fingers anwenden läßt, stets in der Lage ist, seine Maschine mittelst der Füße anzuhalten.

Handhabung des Velocipeds

Nachdem man sich über dasselbe gestellt hat, die
Ellbogen nach außen und den Körper etwas nach
vorn gehalten, stütze man die Arme auf das Balancierbrett und versuche das Gleichgewicht zu halten, indem man leise auf das Brett nach der Seite
drückt, auf welcher sich dasselbe zu heben
beginnt. Die leicht bewegliche Lenkstange wird
mit beiden Händen gehalten und dient dazu, dem
Velociped die Richtung ganz nach Wunsch angeben zu können, jedoch muß dies so geschehen,
daß die Räder soviel wie möglich in einer geraden
Linie laufen. Das Lenken ist nur mit den Händen
auszuführen, weil die Arme bis zum Ellbogen nur
das Gleichgewicht zu halten haben, während die
Hände die Richtung angeben. Man muß versuchen, sich ein richtiges Gefühl für die Schwankungen des Velocipeds anzueignen.

Alsdann stelle man die Füße leicht auf den
Boden und mache in der Richtung der nach vorn

laufenden Räder große Schritte. Im Anfang mache man langsame Schritte und achte darauf, die Hakken nicht zu sehr nach innen zu nehmen, damit sie nicht in das Hinterrad geraten. Um nach und nach die sich entgegenstellenden Schwierigkeiten zu überwinden, mache man die ersten Versuche auf einer glatten Straße oder noch besser einem Platz von genügender Ausdehnung. Erst nachdem man die vollkommene Fertigkeit im Halten des Gleichgewichts und im Lenken des Velocipeds erreicht hat, darf man versuchen, die Bewegung der Füße zu vergrößern und dieselben häufig in der Luft zu halten (während die Maschine mit großer Geschwindigkeit rollt), um sich ausruhen zu können.

Bemerkungen

Soweit ich konnte, habe ich alles vorgesehen, sowohl mit Rücksicht auf Dauerhaftigkeit und Leichtigkeit als auf Eleganz.

Was Bequemlichkeit betrifft, so suche ich soviel wie möglich den Wünschen der Amateure entgegenzukommen. Auf Wunsch von Auftraggebern lasse ich, abgesehen von dem einfachen Velociped, welches hierin beschrieben wird, anfertigen: a) dieselbe Maschine, versehen mit einer Schrauben-Einrichtung, um den Sitz um mehrere Zoll höher oder niedriger zu stellen, je nach der Größe der Personen, die sie benutzen; b) eine andere Maschine mit 2 hintereinander befindlichen Sitzen und mit derselben Schrauben-Einrichtung, wodurch zwei Personen, welche das Gleichgewicht zu halten gut gelernt haben, imstande sind, sich abwechselnd auszuruhen; c) schließlich 3- oder 4rädrige Velocipeden mit einem gewöhnlichen, bequemen Sitz zwischen den Vorderrädern und einem anderen hinter dem ersten, und zwar so eingerichtet, daß ein Pferd vorgespannt werden kann; obwohl diese letzte Gattung weder so bequem noch so praktisch wie die erste ist, so vereinigt sie sich in den dreifachen Vorteil, daß man erstens beim Fahren auf öffentlichen Plätzen und Promenaden Damen mitnehmen kann, wie bei Schlittenfahrten, daß man in keiner Weise von dem Staub der Pferde belästigt wird, und drittens, daß man unter freiem Himmel die schönste Aussicht auf die ganze Umgebung genießen kann.

Die Ausschmückung und Ausstattung der Velocipeden als: Sonnen- oder Regenschirm, eine Art Segel, um einen günstigen Wind auszunutzen, Lampen, Vergoldung und andere beliebige Verzierung hängt von dem Geschmack und den besonderen Wünschen eines jeden Amateurs ab.

Ich hoffe, daß jeder Kunstfreund bereit sein wird, sich durch eine unparteiische Untersuchung von der Wahrheit des Gesagten zu überzeugen und sich mir anschließen wird, um zum Wohle der Menschheit zu einem praktischen Förderungsmittel zu gelangen.

Freiherr Charles von Drais
Forstmeister S. Kgl. H. des
Großherzogs von Baden,
Mitglied mehrerer literarischer Gesellschaften.

Stichwort: *Velocipede*

... buchstäblich soviel als Schnellfüßler, eine seit 1868 zu Paris in Mode gekommene Fortbewegungsmaschine, welche in einiger Beziehung das Reitpferd zu ersetzen bestimmt ist. Die Velocipede besteht aus zwei Rädern ... Die Räder sind von der ungefähren Größe wie bei Equipagen, das vordere hat einen größeren Durchmesser als das hintere, ihre Spurweite ist geringer als gewöhnlich. Zwischen beiden Rädern ist der Sitz oder Sattel des Reiters, welcher letztere die Maschine durch ein Trittwerk mittelst der Füße in Trieb setzt. Vor dem Reiter ... ist die Vorrichtung zum Steuern oder Lenken, zum Bremsen und überhaupt zur Regulierung des Laufes; diese Vorrichtung, welche der Reiter stets in den Händen behält, dient auch zu seiner Stütze. Der Gebrauch der Velocipede erfordert einen ebenso sorgfältigen Unterricht wie das Reiten auf Pferden ... Ein virtuoser

Velocipede scheut keinen Wettlauf mit einem Rennpferde... Bis jetzt ist die Mode der Velocipede auf Paris beschränkt geblieben und zählt dort, ohne erhebliche geschäftliche Verwendung, als eine fashionable Leibesübung.

Aus dem deutschen «Gewerbe- und Universal-Lexikon für Jedermann» von 1869

SANITÄTSRAT DR. KUNTZE

Die gesundheitlichen Auswirkungen des Velocipedfahrens

Sehen wir ab von der Eitelkeit einzelner, sich auf den Straßen durch das Rad bemerkbar zu machen, und selbst von dem Vergnügen, welches einer großen Anzahl oder besser allen Fahrern die Benutzung des Velocipeds macht, so bildet das Velocipedfahren ein gewaltiges Mittel zur Kräftigung unseres Körpers, ja, sogar ein nicht unerhebliches Heil- und Verhütungsmittel gewisser Krankheitszustände. In letzterer Beziehung ist das Radfahren eine Art Turnen und hat als solches ganz besondere, dem gewöhnlichen Turnen nicht zukommende Wirkungen. Zunächst bildet der Velocipedist seine Balancefähigkeit aus, d.h. er übt sich, das Gleichgewicht seines Körpers auf unsicherem, leicht umschlagendem Instrumente zu halten.

Zur Erreichung dieses Zwecks bedarf es der genauesten Ausführung bestimmter Muskeltätigkeiten und darf kein einzelner Muskel mehr oder weniger leisten wie zu diesem Zwecke notwendig ist. Jeder einzelne Muskel wird gewissermaßen einexerziert, dem Willen des Führers auf das genaueste zu gehorchen, und bestraft sich der leiseste Fehler in dieser Beziehung durch falsche Richtung, ja nicht selten durch Umstürzung des Rades. Wer vom Rade stürzt, ist, wenn nicht besondere unberechenbare Verhältnisse, die allerdings auch vorkommen können, den Sturz herbeigeführt haben, noch zu ungeschickt im Velocipedefahren und besitzt noch nicht die nötige Balancierfähigkeit. Für das praktische Leben ist Balancierfähigkeit von großem Nutzen. Wer diese besitzt, wird mit größerer Sicherheit Gräben überspringen, auf schmalem Stege gehen, schwierige Treppen steigen, steile Berge hinab- und hinaufgehen, ja er wird namentlich eine bessere Körperhaltung bewahren als derjenige, welcher diese Fähigkeit nicht besitzt.

Eine weitere Wirkung des Radfahrens liegt in der Stärkung der Muskeln. Und zwar sind es nicht bloß die Muskeln der unteren Körperteile, sondern auch die Muskeln des Unterleibs, der Brust und der Arme, welche tüchtig angeregt werden.

Die Muskeln der Untergliedmaßen müssen sich auf das schnellste zusammenziehen und erschlaffen, um die Fortbewegung des Velocipeds herbeizuführen, und es gibt wohl kaum ein zweites Mittel, welches so schnelle und energische Muskeltätigkeit erfordert. Da aber jeder Muskel, der fleißig geübt wird, an Umfang zunimmt und leistungsfähiger wird als der ungeübte, so findet man bei Velocipedisten sehr häufig einen erheblichen Umfang der Ober- und Unterschenkelmuskeln, und mit Leichtigkeit können die Velocipedisten größere Fußtouren zurücklegen, Berge ersteigen usw., und da, je kräftiger ein Organ ist, dasselbe weniger Anlage zu Erkrankungen besitzt, die Stärkung eines Organs auch das beste Mittel ist, die Empfänglichkeit für Krankheiten zu zerstören, so sind auch die gekräftigten Muskeln der Radfahrer gewiß weit weniger zu Erkrankungen veranlagt als die schlaffen Muskeln der Nichtradfahrer. Jedenfalls wäre es statistisch interessant, aus den einzelnen Velocipedistenvereinen zu erfahren, ob und wie z.B der Muskelrheumatismus der Schenkel bei den Mitgliedern vorgekommen ist.

Von ganz besonderer Wichtigkeit ist die Wirkung des Velocipedfahrens auf den Unterleib. Mit den Zusammenziehungen und Erschlaffungen der Muskeln der Schenkel erfolgt, wie man leicht erkennen kann, gleichzeitig eine solche der Bauchmuskeln. Dadurch aber entsteht eine ganz der

Massage des Unterleibs ähnliche Wirkung. Bekanntlich benutzen wir die Massage heutzutage, um den Darm zu Bewegungen anzuregen und dadurch regelmäßige Darmentleerungen herbeizuführen, und erreichen hierdurch sicherer dieses Ziel als durch die bekannten Abführmittel. Mit Eintritt regelmäßiger Stuhlentleerungen aber verschwinden Druck und Völle und Schmerzen im Unterleibe, die Bildung hämorrhoidaler Leiden ist durch Erreichung regelmäßiger Darmbewegungen beseitigt. Die Wirkung des Velocipedfahrens ist fast ganz die gleiche wie die der Massage, und sollten Stubensitzer, Kontoristen etc., da sich bei ihnen leicht Darmträgheit und Stockungen im Unterleibe entwickeln, das Velocipedfahren recht fleißig benutzen.

Auf die Brust wirkt das Velocipedfahren in zweifacher Weise. Einmal wird durch die Zusammenziehung der Bauchmuskeln eine gründliche Entleerung der Stauungsluft in den Lungen herbeigeführt und zweitens durch das erschwerte Atmen bei schneller Vorwärtsbewegung des Velocipeds die Atmungstechnik geübt. Die gründlichere Entleerung der Stauungsluft aus den Lungen muß insofern von günstigem Einflusse auf den Stoffwechsel unseres Körpers sein, als dadurch der Eintritt sauerstoffreicher Luft in die Lungen gesteigert wird und der Sauerstoff zu unseren wichtigsten Nahrungsmitteln gehört.

Wie sehr aber bei vielen Personen eine Verbesserung der Atmungstechnik nötig ist, kann man sehen, wenn man Gelegenheit hat, viele Menschen bei der Ein- und Ausatmung mit dem Zentimetermaße zu untersuchen. Da gibt es eine ganze Menge Menschen, die kaum zwei bis drei Zentimeter In- und Exspirationsdifferenz zeigen. Alle diese Menschen sollten sich auf das Velociped setzen – da lernen sie atmen!

Und nun, wie veredelnd wirkt nicht das Radfahren auch auf den Geist, auf Herz und Gemüt! Wenn der Radfahrer sich in Gottes freier Natur auf seinem Stahlroß tummelt, wenn er an einem schönen Frühlings- oder Sommermorgen die verschiedensten landschaftlichen Bilder fast kaleidoskopisch an sich vorüberziehen sieht, da geht ihm das Herz auf und er bewundert die Herrlichkeit der Schöpfung. Hält er dann auf seinem Dreirade auf einer erhabenen Stelle an und läßt sein entzücktes Auge über die im Glanze der Morgensonne prangenden Wälder, Fluren und Triften dahinschweifen, dann überkommt ihn das Gefühl der Demut vor dem Schöpfer all dieser Herrlichkeiten und andächtig entblößt er sein Haupt. Und während der Alltagsmensch vielleicht sich erst von seinem Lager erhebt, hat unser Radler bereits in Gottes weitem Tempel der Natur seine Andacht verrichtet. Und so übt der Verkehr mit der freien Natur einen veredelnden Einfluß auf ihn aus; die

Lust an dem Schönen und Erhabenen, welches sich ihm tausendfältig bietet, läßt die Lust an dem Niedrigen und Gemeinen nicht aufkommen.

IRENE DIKKERS

Radfahren ist gesund

Es ist sehr bedauerlich, daß die meisten Männer justament die Dinge, die ihnen doch so guttäten, so gar nicht schätzen: wie z. B. Buttermilch, Roggenbrot, Salat und liebe häßliche Frauen. Die meisten lieben Schnaps, frische weiße Brötchen, Fettränder am Schinken und hübsche Katzen mit zwei Beinen. In Tausenden von Familien ist es dasselbe. Der Mann tritt entschieden für alles Vernünftige in der Welt ein, für vitaminreiche Ernährung, Abrüstung, Museen und bewußte Elternschaft. Aber tief in seinem ewigen Jungenherzen denkt er ganz anders. Er propagiert zwar Schwarzbrot mit Quark, ißt aber Weißbrot mit Speck.

So ist es auch mit dem Fahrrad. Ein Fahrrad hat, finde ich, gewaltige Vorteile. Es ist schnell, umweltfreundlich und sogar zusammenklappbar. Es macht schlank, fit und verschafft dem Menschen kräftige Muskulatur an der frischen Luft.

Man kommt damit überall durch und sieht unterwegs auch noch einen komischen Hund oder einen originellen Briefkasten, entdeckt Fingerhut oder ein Amselnest. Man riecht Heu, Mist und Bauernbrot und braucht sich nicht am Pfingstmontag in einer 16 Kilometer langen Schlange aufzuregen, inmitten von Benzindunst und verärgerten Mitautofahrern.

«Der Spaß am Autofahren ist dahin und kommt zu unsern Lebzeiten nicht wieder», sage ich wehmütig. Mein Mann stimmt mir unverzüglich lebhaft zu.

«Verkehrstechnisch», sagt er, «gehen wir immer mehr zu Grunde. Und du wirst sehen, das wird alles täglich noch schlimmer.»

Aber wenn ich unbefangen frage: «Wäre es nicht vernünftiger, mit dem Fahrrad zu fahren?», dann geht es an seinen wichtigsten und wertvollsten Besitz auf dieser Erde: sein Auto. Er wird böse. Oder schweigt. Oder er fängt von was anderem an. Kurz: Er will kein Fahrrad. Denn das Auto ist sein treuester Freund, der nie widerspricht, immer bereit ist, ohne Murren gehorcht und sich damit so wohltuend von der restlichen Familie abhebt. Das Auto schenkt ihm täglich einen Traum von harter Männlichkeit, Pisten, Sturzhelm und Goldmedaille. Denn jeder Mann ist ein kleiner Nicki Lauda oder Stirling Moss, auch wenn er sein Leben lang hinter dem Schreibtisch sitzt und es nie weiter bringt als zur jährlichen Autorallye seines Gesangvereins.

Kein Fahrrad also, was ihn betrifft. Lieber mit dem Auto in einer stinkenden Schlange als mit dem Fahrrad durch Wiesen und Felder. Lieber dick werden mit Status hinter dem Armaturenbrett, als gesundheitsfördernd gegen den Wind zu strampeln. Denn ein Mann kommt nicht ohne sein Auto aus und nicht ohne seinen Ärger über Sonntagsfahrer und sinnlose Geschwindigkeitsbegrenzungen und ohne heimlichen Neid auf den lautstark beschimpften Sportflitzer, der ihn überholt.

Eines Tages ruft ein guter Freund an. Er hat ein Fahrrad zu verkaufen. Hätten wir Interesse? «Nein», sagt mein Mann bestimmt. «Ja», rufe ich. «Wir kommen gleich rüber!»

«Das Fahrrad ist zu klein», konstatiert mein Mann erleichtert, während er zwischen den Rosenbeeten Runden dreht, die Füße im Kies schleifend. Schade, es ist ein schönes Fahrrad.

«So gut wie neu», sagt der Freund verkaufsbeflissen. Und das ist nicht übertrieben, denn das Rad ist nur acht Kilometer gefahren: vom Fahrradgeschäft, in dem er es gekauft hat, bis zu seiner Garage. Das hatte ihn so erschöpft, daß er das Fahrrad sorgsam an einen eisernen Haken hängte und sich schwor, das Stahlroß nie mehr anzufassen, es sei denn, die Regierung erließe ein totales Autofahrverbot. Seine Frau steht daneben und blinzelt mir vielsagend zu. Sie hat ihren Fahrradkampf ganz augenscheinlich verloren. Aber ich noch nicht.

«Vater will Fahrrad fahren», verkünde ich beim Abendessen, meinen Wunsch als Tatsache hinstellend. «Hans, kannst du ihn mal auf deinem fahren lassen?»

Hans grinst unverschämt und sagt gönnerhaft: «Aber paß bloß auf, daß du dir nicht das Genick brichst.»

Lotte kichert albern, und Freddy fragt harmlos und mit vollem Mund: «Kannst du überhaupt fahren?»

Wir starten das Unternehmen am nächsten Tag. Die Vögel zwitschern, der Himmel lacht blitzeblau, der Hund bellt fröhlich, und die Kinder geben Instruktionen, als gehe es um die Tour de France. Die Nachbarn schauen neugierig über den Gartenzaun. Wir strampeln los, triumphierend und voller Verachtung für die Massenmentalität von Auto- und Motorradfahrern. Die Nachbarn lachen. Nicht subtil und heimlich, sondern herzlich und lautstark. «Schaut mal, die fahren Fahrrad!» rufen sie. Wir strampeln tapfer weiter.

Eine halbe Stunde radeln wir durch die Stille der Natur. Wir sehen Bauernhöfe, Wiesen voll gelber Narzissen und bunte Reklametafeln. Wir hoppeln über Baumwurzeln und verirren uns auf Waldwegen. Wir radeln so angestrengt und aufmerksam, als ob wir eine Verkehrsprüfung zu bestehen hätten.

«Ist das nicht herrlich?» juble ich.

«Ganz nett», brummt mein Mann, krampfhaft ein paar Hühnern ausweichend und mit dem Gleichgewicht kämpfend.

Wieder zu Hause, braucht er erst mal einige Biere, um seinen Durst zu löschen. Dann stakst er steifbeinig, schlechtgelaunt und mit dem anklagend traurigen Blick eines Cockerspaniels zur Garage, um nach seinem geliebten, vernachlässigten Auto zu sehen.

Über ein neues Fahrrad wird nie mehr gesprochen.

Sittliche Entrüstung

Dem die Maximilianstraße entlang promenierenden zahlreichen Publico bot sich gestern, Sonntag vormittag 12 Uhr, ein ebensoviel Entrüstung als Ärgernis erregendes Bild dar. Auf einem doppelsitzigen Velociped bewegte sich ein Pärchen in rascher Fahrt durch die Straße. Das Pärchen bestand aus einem Mannsbilde und – seiner Donna, letztere in einem geblümten seidenen Rocke, durch den die stampfenden, das Vehikel in Bewegung setzenden Beine sich jedem, so darauf

erpicht war, sie zu sehen, leicht präsentierten.
Ohne Scham, stolz wie eine Amazone, ließ die
holde Dame sich männiglich mustern, ihre Fahrt
ungeniert fortsetzend. Wir fragen nur: Ist dies die
neueste Art Velocipedsport? Darf auf solche Art
dem öffentlichen Sittlichkeitsgefühle ungestraft
ein Faustschlag ins Gesicht versetzt werden? Endlich: Ist dies die neueste Art von Reklame für
gewisse Weibspersonen? Zuletzt: Wo bleibt die
Polizei...

Aus der «Münchener Zeitung» im Jahre 1900

MARY FLÜCKIGER

*Eine September-Radlerfahrt
Anno 1904*

Bern-Leipzig-Bern per Rad!

Sollte ich «Ja» oder «Nein» sagen? Lange schon lag mir die Sache im Sinn, sie war verlockend, wurde es in meinem Gedankengang immer mehr, ich fühlte mich ihr gewachsen.

Das Programm lag vor mir. Jeder Tag mit seiner Kilometerzahl, jeder Tag mit Mittagsrast und Nachtquartier. Ich schlug allfällige Bedenken in den Wind und sagte «Ja».

Am Nachmittag des ersten September verließen Herr H. und mein Bruder Bern. Ich mußte sie allein ziehen lassen und eilte ihnen zwei Tage später per Bahn nach. Sie radelten über Biel-Basel nach Freiburg i. B., wo ich mit ihnen zusammentraf. Die Fahrt bis Basel war den Herren und mir bekannt gewesen: neu und, nach dem Bericht zu schließen, einförmig nur die Strecke Basel-Freiburg i. B. Dazu kam, daß diese ersten Septembertage sommerlich warm, ja heiß waren; das hatten die radelnden Herren zu spüren bekommen.

Unsre gemeinsame Radfahrt begann am 4. September um 7 Uhr. Das heißt um ein weniges später, da Herr H., der mit zwei gleich gepackten Taschen reiste, Tasche Nr. 2 *in persona* zur Post geben wollte und diese nicht vor 7 Uhr aufging.

Wir befolgten zwei verschiedene Systeme der Gepäckbeförderung. Mein Bruder und ich hatten das Notwendige für 2–3 Tage aufgeschnallt, er auf der Lenkstange, ich unter dem Sattel, darüber ein wasserdichtes Lodencape und an der Lenkstange ein zum Rock passendes Jäckchen. Weiteres Gepäck war an eines der Nachtquartiere vorausgeschickt. Tasche Nr. 1 des Herrn H. wartete wohl schon in Freudenstadt.

Beide Systeme haben sich bewährt. Ich kann nur sagen, daß ich das Mittragen des vollgestopften Plaids nie lästig empfand, noch viel weniger frühmorgens das regelrechte Aufschnallen der

Gegenstände; da muß ich aber gestehen, daß letzteres in ausgeklügelt feiner Weise von meinem Bruder besorgt wurde. Ich empfand vielmehr ein Gefühl des Versorgtseins, wenn das Rad so wohl ausgerüstet meine Habseligkeiten trug und ich mich nicht zu fragen brauchte, wo indes das übrige landen werde.

Wir radelten in dichtestem Nebel auf der Landstraße Waldkirch zu; nichts von Bergen oder Burgen war zu sehen, öde die Dörfer, nur von Scharen von Gänsen belebt, die die ganze Breite der feucht-schmutzigen Dorfgasse versperrten. Schnatternd und flügelschlagend ließen sie uns durch, d. h. sie watschelten in ein und derselben Richtung davon oder blieben pomadig liegen, in dieser Beziehung gescheiter als Hühner, die, wie jeder Radler weiß, gackernd, drei-, vier-, fünfmal vor dem Rad hin- und herrennen, ja sogar vom Straßenrand hervorstürzen, um verdattert auf die andere Seite zu flüchten.

Bei Waldkirch hebt sich der Nebel, die Ruine Kastelburg auf dem Schloßberg wird sichtbar und freier der Ausblick auf das Elztal. Die Straße durch das Simonswäldertal ist frisch gewalzt. Bald hören und sehen wir die schnaubende, pustende Walze. In dem kleinen Amtsstädtchen Elzach machen wir kurzen Halt und vergessen den kostbaren Bädeker! Über Haslach geht's Wolfach zu; stets ist die Straße vorzüglich, und je näher uns die

Berge kommen, je enger das Kinzigtal sich zusammenzieht, um so lieblicher wird die Gegend. Mit dem Glockenschlage 12 fahren wir in Wolfach ein.

Das altbekannte Kiefernadelbad liegt eingebettet zwischen bewaldeten Bergen an der Kinzig; an einem Tag wie heute, brennend heiß. Die Sonne hat die Nebel aufgesogen und strahlt mit sommerlicher Kraft aus tiefblauem Himmel; es ist, als ob diese heißen Herbsttage zeigen wollten, daß sie mehr leisten können als trübe Sommertage.

Lang darf unsre Mittagsrast nicht sein, denn es liegen noch heiße Kilometer vor uns. Das Wolfachtal steigt, ein Glück nur, daß nicht auch Staub zu der Hitze kommt. Auf der ganzen Reise haben wir nie unter Staub gelitten, das Straßenmaterial und wohl auch die Anlage sind vorzüglich, ebenso der Unterhalt. Wir lernten badische, württembergische, bayrische, sächsische Straßenwalzen schätzen und trafen in sehr geringen Abständen Straßenarbeiter. Das Tal steigt, die Hitze auch; am nächsten Dorfbrunnen springen wir ab und trinken in langen Zügen das kristallhelle Wasser. Bei Klösterle verlassen wir das Wolfachtal und folgen der Straße im Schwabachtal, immer steigend. Bald sind wir im prächtigen Pfaffenwald; hier stoßen wir die Räder. Wir müssen von 262 Meter auf 850 Meter, von Wolfach zum Oberzwieselberg, zur Jägerruhe, steigen. Schön zieht sich die breite Bergstraße durch den dunklen Tannenwald bergan; einzelne Laubbäume, das rosa leuchtende Weidenröslein, die blühende Erika beleben das ernste Grün.

Hoch über dem Schwabach und dem Wolfachtal sind wir schon, ganz einsam ist unser Weg, weder Fuhrwerk noch Rad, noch Automobil. Von letzterem sehen wir nur Spuren, als solche wenigstens deuten wir die Fetzen von Leder, die wir immer wieder bemerken, Fetzen, alle einander gleich; vielleicht durch starkes Bremsen abgerissene Stücke.

Jetzt dringen fröhliche Stimmen durch den Wald, helle Sommerkleider schimmern im Sonnenlicht, und vor uns liegt die «Jägerruhe» in offener Waldlichtung, auf grüner Wiese. Ein frischer Wind weht über die Höhe, für uns erhitzte Radler fast zu kalt. Lange verweilen wir nicht. In weitem Bogen umradeln wir das tief unten liegende Tal der kleinen Kinzig; die Fahrt geht stets durch Wald, hier aber auf schlechter Straße, der die Walze not tut.

Wir lenken wieder in eine vortreffliche ein. Kurgäste lustwandeln im kühlen Forst, ein feines Automobil kreuzt uns; auf schön fallender Bahn unter mächtigen Bäumen fliegen unsre Räder, an den Spaziergängern vorbei, Freudenstadt zu, und unsre ersten 92 Kilometer liegen hinter uns, ohne daß ich, von den Herren nicht zu reden, übermüdet gewesen wäre.

Wir sind auf der Höhe, treten aus Waldgebiet auf eine kahle Hochebene, erblicken die Dörfchen Besenfeld und Urnagold, überzeugen uns rasch, daß hier weder Speise noch Trank genießbar wären, und erreichen in raschem Tempo wiederum Wald. Da vergißt man Durst und Hunger!

Welche Lust ist's zu fahren, zu fliegen, abwärts auf spiegelglatter Bahn, tief im Wald; da schwelgt man im Freilauf und weiß sich doch Herr seiner Maschine, fühlt sich so frei, so sicher, so stolz – plötzlich im schönsten Lauf ein Ruf «Nagel», und Herr H. ist schon am Flicken. Da stehen wir, in der Nähe eines Dorfes, etwelche Kinder dabei, die aber sofort von einem ergrauten Straßenarbeiter energisch verscheucht werden, der dafür selber näher rückt. Er ist in seinem Berufsstolz gekränkt und sagt vorwurfsvoll: «Ja, wo habe denn Sie e Nagel verwitscht, i' hab' doch die ganz' Straß' g'fegt.» Und recht hat er, denn seit Freiburg, auf badischem, dann auf württembergischem Gebiet, waren die Straßen schön gewalzt und gefegt gewesen, man mußte sich ordentlich schämen, Nägel zu «verwitschen», aber das Zufallsteufelchen kehrt sich nicht an so was.

In Enzklösterle steht ein freundliches Wirtshäuschen an der Straße. Wir sind nicht mehr weit von Wildbad, es stimmen aber doch alle drei für ein, wenn auch verspätetes, Zehn-Uhr-Frühstück. Liebig und viel Salz helfen der Kraftbrühe auf.

Leicht fallen uns die letzten 12 Kilometer das Enztal abwärts. Das liebliche Tal verengt sich, eine schöne Allee führt bis in die Hauptstraße Wildbads hinein.

Die Hauptsaison des Badeortes ist zu Ende gegangen. Einzelne Badegäste spazieren, Modegigerl ganz in Weiß, Damen mir rotgelben Haaren; manche gehen auch mühsam am Stock oder müssen sich im Fahrstuhl stoßen lassen, alle warten auf den 12½-Uhr-Gong. In dem großen Eßsaal des königl. Badehotels sind kaum drei kleine Tische besetzt; das Essen scheint auch *fin saison* zu sein, oder ist es der Kranken wegen so wenig würzig und bringt zum Schluß gedörrte Zwetschgen, wo die Bäume voll reifer hängen?

Der Himmel hat sich überzogen, Donner rollt in der Ferne, ein Regenspritzerchen kühlt die trocknen Straßen. Es zieht vorüber, und sorglos durchwandern wir die reizenden Anlagen längs der Elz.

Bei den Kaufläden ist noch Leben, in der Trinkhalle sitzen gebrechliche Leute, auf den schön gepflasterten Wegen unter hohem, grünem Laubdach, immer der plätschernden Elz entlang, spazieren Fremde und Einheimische. Brücklein führen über die Windungen des Baches, Bänke sind im Grün versteckt oder stehen am Weg, Ruheplätze in Menge bergen die Gebüsche. Im Theater, es steht in den Anlagen, ist Gesangsprobe, und im Gartenrestaurant jodeln Tiroler.

Im Sommer, wenn die Sonne so recht glühheiß in das enge Elztal brennt, bieten die großen Baumkronen Schatten und die kleine Elz Kühlung. Dann mag es freilich in den Anlagen von Kurgästen wimmeln, denn die Ausdehnung ist nicht groß, und rasch sind sie durchwandert.

Gegen 5 Uhr radeln wir ab. Der zuletzt Fahrende muß lebhaft klingeln und rufen, sonst überfährt er die erstaunt Nachblickenden. Es will mir scheinen, als ob der Freilauf hier nicht so bekannt sei wie am Bodensee oder bei uns. Oder ist es die Dame? Oder die Wirkung der drei zusammen fahrenden Radler mit fremden Nummern? Da hören wir Ausrufe: «Des geht flink»; «so möcht' i au mit», «Jesses, das Freile tritt nit, es tritt nit!» usw. –

Das drohende Gewitter hat sich verzogen, die Luft ist heiß wie zuvor, kein Lüftchen regt sich. Wir fahren durch ein Dorf, das mir nur seines unbeschreiblich scheußlichen Pflasters wegen Eindruck gemacht hat; dazu gesellte sich noch lebhafter Wagen- und Viehverkehr, der über die Steine und in die Löcher fuhr. Als Begleitung großes Geschimpfe und Fluchen und Peitschenknallen.

Auf bewaldeter Höhe wird das alte Schloß von Neuenburg sichtbar; dann folgt eine schöne Strecke, über der Talsohle, am Waldrand entlang. Jenseits des Tals steigt dunkler Bergwald in die Höhe. Die Räder laufen wie von selbst; wir nähern uns Pforzheim, statt Tannen ragen rauchende Fabrikkamine empor, auf der Straße mehren sich Wagen und Fußgänger, zahllose Arbeiter radeln aus der Stadt heraus, die uns von Nutzen sind, denn sie sprengen die Reihen der zu Fuß Gehenden und halten strikte rechts.

Es schlägt 6 Uhr. Samstag, Zahltag! In dichten Scharen stehen die Leute da; die Straße ist aufgerissen, gesperrt, ein ganzer Menschenknäuel bildet sich vor dem «Hotel Nusser». Eine Schildwache steht davor. Offiziere und Gemeine kommen und gehen, eine Musik zieht auf; es gilt wohl alles einer hohen militärischen Persönlichkeit, die hier abgestiegen sein wird.

Wir sind längst abgesprungen, an ein Durchkommen ist nicht zu denken, und schlagen eine Nebenstraße ein, die steil, unfahrbar steil, auf holprigem Pflaster zu dem höher gelegenen Teil der Stadt führt. Dort liegen die Schloßkirche, der Bahnhof und das «Hotel International».

Nach 72 Kilometern bei drückender Hitze wäre es sehr angenehm gewesen, in einem sauberen Gasthof sich durch ein Bad zu erfrischen und des weiteren gütlich zu tun. Das Notwendigste war vorhanden, aber den Stern, den das Haus bei Bädeker führt, verdient es nicht mehr. In Pforzheim, der regen Fabrikstadt, hatten wir Besseres erwartet. Die Räder waren soweit gut aufgehoben; sie standen in einem Tanzsaal, der Wäsche und anderes mehr beherbergte; die einfache Vorrichtung zum Einstellen der Maschinen, die sich bei uns in den kleinsten Wirtshäusern findet, trafen wir auf der ganzen Reise nirgends.

...

Bald werden wir in Koburg sein, die «Veste» taucht auf; eine prächtige Allee führt zum Stadttor, durch welches wir, bis zuletzt mit dem Winde kämpfend, um 12 Uhr einfahren.

«Hotel Leuthäuser» existiert nicht mehr. An seiner Stelle steht das moderne Warenhaus Connitzer. Die «Goldene Traube» in der Judengasse wird uns empfohlen.

Ein zusammengeflicktes Haus, diese «Traube»! Die schmalen Gänge und vielen kleinen Treppen erinnern mich lebhaft an das Haupt- oder Oberdeck eines Dampfers. Besonders die Gänge! So schmal, daß es bei hohem Seegang ganz behaglich ist, links und rechts einen Halt zu finden!

Wir sind in der Haupt- und Residenzstadt von Sachsen-Koburg-Gotha. Sie liegt im Itztal und besitzt eine ansehnliche Zahl von stattlichen Regierungsgebäuden und hübschen Villen. Das Schloß, die Ehrenburg oder herzogliche Residenz, das Palais des Herzogs von Edinburg, am Marktplatz das Rathaus und das Verwaltungsgebäude, von Herzog Joh. Casimir (†1623) erbaut.

Durch die Anlagen des Hofgartens zieht sich eine schöne Straße den Bergabhang hinauf zur

Veste; sammetweich sehen die englischen Rasenflächen aus, die mit stattlichen Baumgruppen durchsetzt sind und den Blick auf die Stadt gestatten. Radelboden ist das nicht. Es schadet auch nichts, die Beinmuskeln einmal ruhen zu lassen und bei der langsamen Gangart des Droschkengauls gemächlich Umschau zu halten.

Vor dem Tor der Veste steht ein Militärposten. Dem bläst der Wind kalt um die Ohren, und, um sich warm zu halten, stampft er auf und ab.

Wir treten auf die zinnengekrönte Außenmauer. Welch stolzer gotischer Bau ist diese alte Veste Koburg! Sie stammt aus dem 15. Jahrhundert, war Sitz der Grafen von Henneberg und der sächsischen Herzoge bis 1549. Sie beherbergte Luther im Jahre 1530 drei Monate lang; er übersetzte hier die Psalmen und Propheten. Sie widerstand dem Ansturm Wallensteins; trotzig und fest stehen immer noch der Fürstenbau und das ehemalige Zeughaus. Seit 1838, seit der letzten Wiederherstellung, ist sie das friedliche Heim für Kunst und Altertümer geworden.

Der scharfe Wind fegt den Himmel rein, aber die harte Beleuchtung sieht nicht nach gut Wetter aus. Wir dehnen die Fahrt aus und gelangen durch hübsche Villenquartiere zu dem eine Stunde außerhalb Koburg liegenden Schloß Kallenberg. Sehenswert sind die wohlgepflegten Parkanlagen, mit Musterfarm und Fasanerie.

Gegen Abend verfinstert sich der Himmel; ein greller Sonnenuntergang durchbricht die schweren, schwarzen Wolken. In der Nacht höre ich Wind und Regen an die Scheiben klatschen und kann mich nicht einmal behaglich in Decke und Oberleintuch wickeln, denn dieses Sachsen-Koburg-Gotha'sche Bett hat nur ein Deckbett! Weit besser habe ich mich stets mit schmalen Kabinenbetten abgefunden, da bleibt doch wenigstens alles hübsch beisammen.

...

Früh, in dichtem Nebel, radeln wir am folgenden Morgen fort. Von der Gegend kann ich nichts berichten, sie war vollständig verschleiert. Kaum daß man sah, was sich auf der Straße fortbewegte. In letzter Minute schwenke ich in großem Bogen ab, es bewegt sich etwas, langsam, wie es scheint, es schreiten zwei Männer mit zwei Kühen am linken Straßenrand! Ich bin schon längst vorbei, höre sie aber schrecklich schimpfen; ich sehe mich um, mein Bruder ebenfalls, die Kühe gehen ruhig einher, es hat wahrlich keinen Zweck, zur «Beruhigung der Tiere beizutragen» durch Absteigen, und beide entschwinden wir im Nebel.

Da radelt man weiter wie im Traum und sehnt sich nach der Sonne, die auf den Höhen scheint und die Nebel zerreißen kann, wenn sie nur will. Und sie zerreißt sie, auf dem Städtchen Schleiz liegt schon ihr warmer Schein, und das Schloß des

Fürsten von Reuß tritt klar aus dem weichenden Nebel hervor. Hoch liegt das Schloß über dem hübschen Tal, Burgen sehen wir auf den Höhen, ein Städtchen mit Türmen und Ringmauern, es ist Saalburg. Prächtige Alleen durchziehn das Land, uralte Bäume, die irgendein Fürst vor Zeiten gepflanzt; sie führten wohl ehemals zu Schlössern der hohen Herren und stehen nun an der gewöhnlichen Landstraße.

Aus Eberstadt heraus führt eine Doppelreihe der herrlichsten Linden, sanft ansteigend, einem Gartenschlößchen zu, das inmitten einer blühenden Wildnis im Dornröschen-Schlafe liegt.

Ach, daß die Pforte sich doch leise öffnete und Damen mit Reifröcken und Schönheitspflästerchen, Kavaliere in Perücken und zierlichen Jabots heraustänzelten! Nichts regt sich – alles vergangen, zu Staub geworden – die Bäume nur sind geblieben, gewachsen zu majestätischer Höhe und Breite und spenden ihren Schatten Vorüberziehenden.

Weit hinaus erstreckt sich die hohe Allee, ganz niedrig scheint sie in der äußersten Perspektive, moosig ist der Boden, von Unkraut überwuchert, verlassen der Pfad – er führte einst wohl auch zu einem Waldschloß. Wir biegen in die nach rechts führende Hauptstraße ein; sie fällt bis hinunter zur Lemnitz, bis zu dem Städtchen Lobenstein.

Wunderhübsch liegt der kleine Ort im Talgrund, beschützt von dem gewaltigen Turm der längst zerfallenen Burg.

Hier halten wir kurze Mittagsrast und stärken uns für die bevorstehende Steigung. Wir haben die Wahl. Den Strahlen der heißen Mittagssonne ist die neue Straße nach der Hochebene ausgesetzt; im Schatten der stolzen Allee führt die alte hin! Erstere kaum, letztere gar nicht fahrbar. Wir ziehen den Schatten vor, stoßen die Räder einen sehr steilen Weg hinauf, münden oben in die neue Straße ein, blicken noch einmal auf das liebliche Tal zurück und sitzen auf.

Frisch bläst der Wind über die Hochebene. Aus den Morgennebeln ist ein klarer, sonnenheller Herbsttag erstanden, durchsichtig ist die Luft, bis in blaue Fernen unterscheidet das Auge Wald und Feld und Höhenzüge – vergeblich aber sucht es schneeige Bergesgipfel und glitzernde Seen.

Schöner Wald unterbricht die Fahrt; lichte Forste, durch die der Sonne Schein golden leuchtet, die wir geräuschlos durchradeln. Menschenleer ist es rings umher.

Da liegt ein Dorf auf unserm Weg, und kaum aus dem Schutz des Waldes heraus, zerzaust uns ein heftiger Wind, er reißt mir sogar meinen fest sitzenden Hut samt Schleier vom Kopf! Ich springe ab, da kommt schon ein Dorfjunge gerannt, schwingt triumphierend den Hut, hält mir das Rad, ich danke, stülpe den Hut wieder auf und radle schleunigst dem nichts ahnenden Bruder nach.

...

Der letzte Morgen unsrer Reise. Wieder ein Sonntag, aber ein triefender. Mit Regen setzt er ein. Im Gastzimmer sitzen eine Dame und ein Herr, die eine Wagenfahrt vorhaben; der Wagen hält vor der Tür, der Regen klatscht auf das Verdeck und wir studieren die Züge. Schade ist's, denn unser Plan ist per Bahn nicht ausführbar. Da wird das Geräusch der fallenden Tropfen leiser, es guckt schon ein blaues Fetzlein Himmel hervor, der Kutscher schlägt das Verdeck zurück, ich trete hinaus, da meint er gemütlich: «Wolle Sie's wage, Freileinche?»

Wir wagen es, legen die Lodenmäntel um, fahren vorsichtig auf der klebrigen Straße, die uns aufwärts führt, durch ein baumreiches, regentriefendes Gelände, durch schmucke, jetzt aber nasse Dörfer; Regen und Sonne kämpfen, Bahn steht nicht zur Verfügung, wir radeln, auf Besserung hoffend, munter weiter.

Es muß die ganze Nacht gegossen haben, stellenweise sind die Straßen mühsam zu fahren. Siegreich dringt endlich die Sonne durch, die tropfenden Blätter und Blumen richten sich auf, das Gras steht auf, alles glänzt im warmen Schein. Wohlig durchwärmt sie unsre feuchten Kleider.

Das Städtchen Markdorf sieht schon ganz

getrocknet aus, und bei strahlender Sonne sehen wir, hoch im Wald droben, das Schloß Heiligenberg. Wir fahren auf Salem zu. Durch einen großen Torbogen tritt man in den weiten Hof des Klosters ein; es war eine mächtige Zisterzienserabtei und ist jetzt teilweise im Besitz des Prinzen Max von Baden.

Das Kloster muß ein sehr reiches gewesen sein. Herrschaftlich sind Eingang und Hof; uralte Bäume stehen auf grünen Rasenflächen. Die schöne gotische Kirche enthält eine wahre Fülle der zierlichsten Marmorskulpturen. Da finden sich an den Altären Szenen aus der Bibel, die in vollendeter Anmut und Feinheit aus weißestem Marmor gearbeitet sind. Welch lebendiger Ausdruck in Gesichtern und Gewandung! Wie lieblich die Marienköpflein, wie hämisch die Pharisäergesichter! Jesus und die Jünger oder Joseph und Maria auf der Flucht, welch kunstvolle Gruppen!

Der sehr wohlunterrichtete Küster führt uns in die Sakristei. Dort öffnet er die mächtigen Schränke, die, ein jeder, ausgeklügelt pfiffige Schlösser haben. Mit wahrem Stolz läßt er nun, auf höchst schlauen Kleiderbügeln eine Anzahl der reichsten Meßgewänder herausspazieren. Er bemerkt, zu mir gewendet, schon viele Damen, denen er die sinnreiche Einrichtung vorgeführt habe, hätten erklärt, sie würden sofort ihre Garderobe auf diese Art aufhängen.

All dieser Prunk ist nur ein kleiner Rest vergangener Herrlichkeit; großartig muß der Reichtum des Klosters in der Glanzzeit gewesen sein.

In eiligster Fahrt geht's dem See zu.

Weit dehnt sich die Fläche vor uns aus, in tiefster Bläue. Rein der Himmel, spiegelklar See und Berge. Glocken klingen über das Land, das Schiff legt in Unter-Uhldingen an, wir steigen an Bord, und Entzücken überkommt uns ob all der reinen Schönheit ringsumher. Sie ist der herrliche Abschluß unsrer gemeinsam durchradelten Kilometer, auf die wir mit Befriedigung und Vergnügen zurückblicken.

Ich ließ es bei 1012 Kilometern bewenden, und so kam es, daß von dreien, die ausgezogen, nur einer per Rad Bern wieder erreichte.

Oberpolizeiliche Vorschriften für Radfahrer im Königreich Bayern vom 1. Januar 1898

Übermäßig schnelles Fahren, Umkreisen von Fuhrwerken, Menschen und Tieren, das Mitführen von Kindern auf dem Fahrrade und sonstige Handlungen, welche geeignet sind, Menschen oder Eigentum zu gefährden, den Verkehr zu stören, Pferde oder andere Tiere scheu zu machen, sind verboten.

Der Radfahrer ist verpflichtet, bei Beanstandungen durch Sicherheitsorgane auf Anruf sofort anzuhalten und abzusitzen.

Jeder Radfahrer muß eine von der Ortspolizeibehörde seines Wohnortes oder, falls er einen Wohnort in Bayern nicht hat, seines Aufenthaltsortes ausgestellte, auf seinen Namen lautende Fahrkarte bei sich führen und auf Erfordern den Aufsichtsbeamten vorzeigen. Die einmal ausgestellte Fahrkarte gilt unabhängig von einem etwaigen Wohnorts- oder Aufenthaltswechsel für das ganze Königreich.

Personen, welche sich nicht im Besitze einer solchen Fahrkarte befinden, dürfen auf öffentlichen Wegen, Straßen und Plätzen nicht radfahren.

Die Fahrkarte kann von der zur Ausstellung derselben jeweils zuständigen Behörde zeitweilig oder gänzlich entzogen werden, wenn der Radfahrer nach Erteilung der Fahrkarte wegen vorsätzlicher oder fahrlässiger Tötung oder Körperverletzung oder wegen Sachbeschädigung bestraft wurde, soferne diese Reate mit dem Radfahren im Zusammenhange stehen.

WILHELM WOLF

Das Erlernen des Radfahrens

Sieht der Laie den Zweiradler auf schlankem hohen Stahlroß dahinsausen, so denkt er wohl, es müsse das Radfahren außerordentlich schwer zu erlernen sein, denn er bildet sich ein, es gehöre eine ganz außerordentliche Kunstfertigkeit dazu, die Maschine so zu handhaben, daß sie nicht seitlich umfalle. Er bedenkt aber nicht, daß nach dem Naturgesetze des Beharrungsvermögens das Rad sich nach vorn in der angenommenen Richtung fortbewegen muß, solange die durch Reibung, Luftwiderstand etc. verlorengehende Triebkraft durch den Fahrer infolge Tretens ersetzt wird. Das Zweirad wird erst dann anfangen unsicher nach links und rechts zu wackeln, wenn seine Gangart eine langsamere wird, bis es schließlich allerdings, wenn die Triebkraft aufhört, nach links oder rechts umfällt. Von der Furcht, daß das Radfahren schwer zu erlernen sei, mag sich niemand abhalten lassen, sich dem herrlichen Sport zuzuwenden. Denn einesteils ist niemand von Anfang an ein vollkommener Radfahrer gewesen, jeder hat sich also der Mühe des Erlernens unterziehen müssen, andernteils ist die Aneignung des Fahrens viel leichter, als man sich das anfangs denkt. Jede neu zu erlernende Kunst zeigt ja allerdings Schwierigkeiten, die überwunden werden müssen, und es ist eine gewisse Tatkraft aufzubieten, wenn man darüber hinwegkommen will. «Was anfangs schwer erschien und Mühe machte, wird zuletzt leicht und gewährt dann Vergnügen.» Dessen muß sich namentlich der Anfänger im Velocipedfahren recht bewußt sein und bleiben; verursacht auch der ungewohnte Sitz zunächst manche unangenehme Empfindungen, werden auch die Kräfte durch angestrengte Aufmerksamkeit in Anspruch genommen, wird auch ein wenig Schweiß mehr vergossen als gewöhnlich, so verliere man doch den Mut und die Lust nicht, denn kein Meister fällt vom Himmel.

Was zunächst das Erlernen des Zweiradfahrens anbetrifft, so halten es einige für vorteilhaft, es erst mit einem Niederen Zweirade oder mit einem Känguruh zu versuchen, da bei einem solchen die Gefahr von Unfällen während des Erlernens ausgeschlossen ist, indem der Fahrer nötigenfalls sofort mit seinen Füßen den Erdboden zu berühren vermag. Andere empfehlen dagegen das englische Lernverfahren, welches darin besteht, daß dem Anfänger von vornherein diejenige Maschine zum Erlernen gegeben wird, welche für ihn paßt. Auch mag hier darauf aufmerksam gemacht werden, daß man zu seinem eigenen Vorteil wohl daran tut, beim Erlernen des Fahrens kein neues

Zweirad zu benutzen, da ein solches dabei gewöhnlich mehr leidet als durch einen geübten Fahrer bei jahrelangem ordnungsmäßigen Fahren. Wer die Auswahl hat, mag anfangs ein Hohes Zweirad zur Erlernung nehmen, welches etwas niedriger ist, etwa 2–4 engl. Zoll (5–10 cm), als ein fertiger Fahrer seiner Größe benutzt.

Ist man nun im Besitze des Zweirades, so nehme man für den Anfang die Hilfe eines Freundes in Anspruch, der womöglich selber Fahrer ist, und wähle, falls man nicht in der Lage ist, einen Saal benutzen zu können, einen nach der einen Richtung hin ganz sanft abfallenden andern Übungsplatz. Daß derselbe möglichst abgelegen ist, liegt im Vorteil des Anfängers, da er sonst sehr bald durch eine Anzahl neugieriger Zuschauer belästigt werden würde, von denen manche mit höhnischen Bemerkungen nicht hinter dem Berge halten würden. Man versuche nun zunächst das Rad führen zu lernen, und dies ist, da es sehr leicht vorwärts zu bewegen ist, nicht schwierig. Man ergreift nämlich mit der linken Hand die Lenkstange, legt die rechte schiebend auf den Sattel und hält dabei die Maschine nach sich zu geneigt, damit sie nicht das Übergewicht nach der andern, nicht unterstützten Seite hin bekommt. Nun nehme man mit dem Zweirade an dem höher gelegenen Ende der Fahrbahn, und zwar womöglich in deren Mitte, Stellung, besteige das Rad von der linken Seite, also wie der Reiter sein Pferd, suche eine ungezwungene, leichte Haltung anzunehmen und umfasse die Enden der Lenkstange mit je einer Hand, den Daumen nach unten gelegt, während der Freund, welcher links seitwärts neben dem Zweirade steht, mit der rechten Hand unterhalb des Sattels am Rücken, mit der linken an der Lenkstange das Zweirad hält und dann führt. Beim Halten der Lenkstange einen krampfhaften Druck auszuüben, wozu der Anfänger gar zu leicht geneigt ist, weil er sie als willkommenen Stützpunkt ansieht und dabei ihre große Beweglichkeit vergißt, ist untunlich. Der Fahrer suche sich nun dadurch im Gleichgewicht zu erhalten, daß er die Lenkstange mit ihrer Front nach derjenigen Seite hin sanft unter Vermeidung jedes Stoßes hin dreht, nach der das Zweirad und mit ihm der Oberkörper zu fallen drohen, und sie dahin richtet, wohin er zu fahren beabsichtigt. Je ruhiger der Oberkörper im Sattel gehalten wird, desto schwerer geht natürlich das Gleichgewicht des Fahrenden verloren, d. h. um so weniger wird die Maschine geneigt sein, seitwärts zu fallen, um so weniger also hat man auch nötig, die Lenkstange zu wenden, um dasselbe wieder herzustellen. Dabei ist zu beachten, daß, je weiter das Gleichgewicht nach einer Seite verlorengegangen ist, desto weiter nach dieser Seite hin die Front der Lenkstange gewendet werden muß. Man wende aber die Lenkstange nicht weiter, als zur Wiedergewinnung des verlorenen Stützpunktes notwendig ist, weil sonst leicht das Gleichgewicht auf der andern Seite verlorengeht und eine Wendung der Lenkstange dahin nötig wird, wodurch ein unangenehmes Hin- und Herschwanken entsteht.

Ist der Anfänger erst imstande, ohne besondere Hilfe des Freundes die sanft abfallende Straße hinabzufahren, so kann er die Übungen ohne weitere Hilfe fortsetzen, wenn es auch angebracht ist, daß der Freund auch jetzt noch, ohne das Zweirad anzufassen oder zu führen, nebenher geht, wodurch sich jener sicherer fühlen und dreister zeigen wird. Ist der Anfänger, der sich zum Lernen eines Niederen Zweirades bedient hat, so weit gekommen, um geradeaus fahren zu können, so kann er auch ein Hohes Zweirad besteigen, auf welchem er die Übungen dann auf möglichst ebener Bahn fortsetzen mag.

SIEGFRIED LENZ

Windfahrt

Im Jahr dreiundvierzig, um mal so zu beginnen, an einem Freitag im April, morgens oder mittags, bereitete mein Vater Jens Ole Jepsen, der Polizeiposten der Außenstelle Rugbüll, der nördlichste Polizeiposten von Schleswig-Holstein, eine Dienstfahrt nach Bleekenwarf vor, um dem Maler Max Ludwig Nansen, den sie bei uns nur den Maler nannten und nie aufhörten, so zu nennen, ein in Berlin beschlossenes Malverbot zu überbringen. Ohne Eile suchte mein Vater Regenumhang, Fernglas, Koppel, Taschenlampe zusammen, machte sich mit absichtlichen Verzögerungen am Schreibtisch zu schaffen, knöpfte schon zum zweiten Mal den Uniformrock zu und linste – während ich vermummt und regungslos auf ihn wartete – immer wieder in den mißlungenen Frühlingstag hinaus und horchte auf den Wind. Es ging nicht nur Wind: dieser Nordwest belagerte in geräuschvollen Anläufen die Höfe, die Knicks und Baumreihen, erprobte mit Tumulten und Überfällen die Standhaftigkeit und formte sich eine Landschaft, eine schwarze Windlandschaft, krumm, zerzaust und voll unfaßbarer Bedeutung. Unser Wind, will ich meinen, machte die Dächer hellhörig und die Bäume prophetisch, er ließ die alte Mühle wachsen, fegte flach über die Gräben und brachte sie zum Phantasieren, oder er fiel über die Torfkähne her und plünderte die unförmigen Lasten.

Wenn bei uns Wind ging und so weiter, dann mußte man sich schon Ballast in die Taschen stecken – Nägelpakete oder Bleirohre oder Bügeleisen –, wenn man ihm gewachsen sein wollte. Solch ein Wind gehört zu uns, und wir konnten Max Ludwig Nansen nicht widersprechen, der die Zinnadern platzen ließ, der wütendes Lila nahm und kaltes Weiß, wenn er den Nordwest sichtbar machen wollte – diesen wohlbekannten, uns zukommenden Nordwest, auf den mein Vater argwöhnisch horchte.

Ein Rauchschleier schwebte in der Küche. Ein nach Torf duftender, zuckender Rauchschleier schwebte im Wohnzimmer. Der Wind saß im Ofen und paffte uns das Haus voll, während mein Vater hin- und herging und offenbar nach Gründen suchte, um seinen Aufbruch zu verzögern, hier etwas ablegte, dort etwas aufnahm, die Gamaschen im Büro anlegte, das Dienstbuch am Eßtisch in der Küche aufschlug und immer noch etwas fand, was seine Pflicht hinausschob, bis er mit ärgerlichem Erstaunen feststellen mußte, daß etwas Neues aus ihm entstanden war, daß er sich gegen seinen Willen in einen vorschriftsmäßigen

Landpolizisten verwandelt hatte, dem zur Erfüllung seines Auftrags nichts mehr fehlte als das Dienstfahrrad, das, gegen einen Sägebock gelehnt, im Schuppen stand.

So war es an diesem Tag vermutlich die aus Gewohnheit zustande gekommene äußere Dienstbereitschaft, die ihn schließlich zum Aufbruch zwang, nicht der Eifer, nicht die Berufsfreude und schon gar nicht die ihm zugefallene Aufgabe; er setzte sich wie so oft in Bewegung, anscheinend weil er komplett uniformiert und ausgerüstet war. Er variierte nicht seinen Gruß, bevor er ging, er trat wie immer auf den dämmrigen Flur, lauschte, rief gegen die geschlossenen Türen: Tschüß, nech!, erhielt von keiner Seite eine Antwort, war jedoch nicht verblüfft oder enttäuscht darüber, sondern tat so, als hätte man ihm geantwortet, denn er nickte befriedigt, zog mich nickend zur Haustür, wandte sich noch einmal an der Schwelle um und machte eine unbestimmte Geste des Abschieds, bevor der Wind uns aus dem Türrahmen riß.

Draußen legte er sich sogleich mit der Schulter gegen den Wind, senkte sein Gesicht – ein trockenes, leeres Gesicht, auf dem alles, jedes Lächeln, jeder Ausdruck von Mißtrauen oder Zustimmung sehr langsam entstand und dadurch eine unerhörte, wenn auch mitunter verzögerte Bedeutsamkeit erlangte, so daß es den Anschein hatte, als verstehe er alles zwar gründlich, aber zu spät – und ging vornübergebeugt über den Hof, auf dem der Wind spitze Kreisel drehte und eine Zeitung zerzauste, einen Sieg in Afrika, einen Sieg auf dem Atlantik, einen gewissermaßen entscheidenden Sieg an der Altmetallfront zerzauste und knüllte und gegen den Maschendraht unseres Gartens preßte. Er ging zum offenen Schuppen. Stöhnend hob er mich auf den Gepäckträger. Er packte das Fahrrad mit einer Hand an der Hinterkante des Sattels, mit der anderen an der Lenkstange und drehte es herum. Dann schob er es zum Ziegelweg hinab, hielt unter dem spitzen, auf unser Rotsteinhaus zielenden Schild «Polizeiposten Rugbüll», brachte das linke Pedal in günstige Ausgangsstellung, saß auf und fuhr mit straff geblähtem Umhang, der zwischen den Beinen mit einer Klammer zusammengefaßt war, Richtung Bleekenwarf.

Das ging gut bis zur Mühle oder sogar fast bis zur Holmsenwarf mit ihren wippenden Hecken, denn so lange segelte er gebläht und kräftig gebauscht vor dem Wind, doch dann, als er sich gegen den Deich wandte, den Deich gebeugt erklomm, glich er sofort dem Mann auf dem Prospekt «Mit dem Fahrrad durch Schleswig-Holstein», einem verbissenen Wanderer, der durch Versteifung, Krümmung und vom Sattel abgehobenes Gesäß bereitwillig die Mühsal erkennen ließ, mit der man sich hier fortbewegen muß auf der Suche nach heimischer Schönheit. Der Prospekt verriet jedoch nicht nur die Mühsal, er deutete auch das Maß der Geschicklichkeit an, das notwendig ist, um bei fallsüchtigem, seitlichem Nordwest mit dem Fahrrad auf dem Kamm des Deiches zu fahren; außerdem veranschaulichte er die in Windfahrten zweckmäßige Körperhaltung, ließ das Erlebnis des norddeutschen Horizonts ahnen, zeigte die schlohweißen Kraftlinien des Windes und bevorzugte als vertraute Garnierung des Deiches die gleichen blöden und verzottelten Schafe, die auch meinem Vater und mir nachblickten.

Da eine Beschreibung des Prospekts zwangsläufig zu einer Beschreibung meines Vaters werden muß, wie er auf dem Deich nach Bleekenwarf fuhr, möchte ich, zur Vervollständigung des Bildes, noch die Mantel-, Herings- und Lachmöwen erwähnen sowie die seltene Bürgermeistermöwe, die, dekorativ über dem erschöpften Radler verteilt, durch nachlässigen Druck etwas verwischt, wie weiße Staubtücher zum Trocknen in der Luft hingen.

Immer auf dem Kamm des Deiches entlang, auf dem schmalen Zwangskurs, der sich da braun im flachen Gras abzeichnete, die Stöße des Windes parierend, die blauen Augen gesenkt – so fuhr mein Vater mit seinem gefalteten, in der Brusttasche steckenden Auftrag den sanften Bogen des Wulstes aus, ohne Dringlichkeit, nur mühselig, so daß man vermuten konnte, sein Ziel sei das hölzerne, grau getünchte Gasthaus «Wattblick», in dem er einen Grog trinken und mit Hinnerk Timmsen, dem Wirt, einen Handschlag, vielleicht sogar einige Sätze wechseln werde.

Wir fuhren nicht so weit. Noch vor dem Gasthaus, das mit Hilfe von zwei begehbaren Holzbrücken auf dem Deich ruhte – und mich immer an einen Hund erinnerte, der seine Vorderpfoten auf eine Mauer gelegt hat, um darüber wegsehen zu können –, drehten wir ab, gewannen in beherrschter Schußfahrt den erlaufenen Pfad neben dem Deichfuß und bogen von da in die lange Auffahrt nach Bleekenwarf ein, die von Erlen flankiert, von einem schwingenden Tor aus weißen Planken begrenzt war. Die Spannung wuchs. Die Erwartung nahm zu – wie immer bei uns, wenn sich einer im April, bei diesem barschen Nordwest, durch das unverstellte Blickfeld bewegt mit erklärtem Ziel.

Seufzend ließ uns das Holztor ein, das mein Vater bei langsamer Fahrt mit dem Fahrrad aufstieß, er fuhr an dem unbenutzten, rostroten Stall vorbei, am Teich, am Schuppen, sehr langsam, gerade als wünschte er, vorzeitig entdeckt zu werden, fuhr dicht an den schmalen Fenstern des Wohnhauses vorbei und warf noch einen Blick in das angebaute Atelier, bevor er abstieg, mich wie ein Paket auf den Boden stellte und das Fahrrad zum Eingang führte.

HANS BLICKENSDÖRFER

Der Sieger

«Sehen Sie, Monsieur Bud, da fällt mir eine Geschichte aus Ihrem Metier ein, und ihr Held ist für mich größer als alle anderen, die nach ihm ein Rennrad bestiegen haben.»

«Dann müßte ich ihn immerhin kennen.»

«Möglich. Er hieß Eugène Christophe. Schon von ihm gehört?»

Bud schüttelte den Kopf. «Nie gehört. Muß ziemlich lange her sein.»

«Das allerdings. 1913 ist es gewesen, und ich war nicht älter als der da.»

Er deutete auf André, der das Rennrad an die Wand lehnte und an den Tisch zurückkam. «Die Tour, müssen Sie wissen, ist damals schon über den Aubisque und über den Tourmalet gegangen, und am Fuße des Tourmalet bin ich aufgewachsen. In Sainte-Marie-de-Campan. Ein Nest wie dieses hier. Aber der Tourmalet ist etwas ganz anderes als der Aubisque. Das werden Sie morgen merken.»

Er griff nach dem steinernen Krug, um Wein nachzuschenken, und Bud zog sein Glas nicht zurück.

«Damals führten nur Holzfällerwege auf den Tourmalet, und wenn der Schnee schmolz, kamen die Bären aus Spanien herüber, um unsere Schafe zu fressen. Der Tourmalet ist ein Zweitausender, und damals war er finsterste Wildnis.»

«Bären?»

«Ja, richtige Braunbären. Ich habe sie selber gesehen, denn ich habe oft genug Schafe auf den Almen unter dem Gipfel gehütet. Niemand in Sainte-Marie-de-Campan und in ganz Frankreich hatte es für möglich gehalten, daß Rennfahrer die schaurige Wildnis dieses Berges bezwingen könnten. Selbst Maulesel haben auf den geröllübersäten Wegen gestreikt. Sie müssen bedenken, man schrieb 1913, und niemand dachte an die Boulevards, die heute über die Berge führen, oder an diese scheußlichen Betonkästen für die Wintersportler. Unser Wintersport war Schmuggeln, doch das habe ich Ihnen ja schon gesagt. Aber die Tour de France ist erst durch die Pyrenäen geworden, was sie ist. Das muß man auch sagen. Doch von diesem dreizehner Jahr will ich Ihnen erzählen. Es war das letzte vor dem Weltkrieg, bevor ihr eure Tour de France machen wolltet, aber nach ein paar Etappen seid ihr an der Marne steckengeblieben, was?»

«Hm», machte Bud. «Darüber sollten Sie mit meinem Großvater sprechen.»

Der Alte rückte näher und legte ihm die Hand auf die Schulter. «War ja nicht so gemeint.» Er kicherte. «Nur nicht gleich aufregen. Zum Schmuggeln jedenfalls waren es fette Jahre, und ich habe es damals gelernt.» Er prostete Bud zu. «Also, passen Sie auf. Die Tour kam durch unser Dorf. Sie muß immer durch Sainte-Marie-de-Campan, weil sie sonst nicht über den Tourmalet kommt. 1913 also. Ich war zehn, und die Männer, die vom Tourmalet herunterkamen, waren Supermänner für mich. Es hat auch im Sommer Schnee oben, und es war einfach unvorstellbar, daß Radfahrer, ohne abzusteigen, auf den Gipfel kämen. Schließlich kennen wir unseren Tourmalet. Es sind auch nicht wenige abgestiegen und haben geschoben, aber die ganz Zähen blieben im Sattel, und vom Zähesten will ich Ihnen erzählen.»

«Jetzt machen Sie mich wirklich neugierig.»

«Sie haben auch allen Grund dazu. Keiner von euch wird je durchmachen, was er durchgemacht hat!»

«Sehen Sie das nicht zu verklärt?» Buds Augen wurden skeptisch.

Warten Sie's ab, junger Mann. Ich weiß, daß der Tourmalet für euch um keinen Meter niedriger geworden ist und daß auch eine asphaltierte Straße seine giftigen Steigungen nicht flacher macht. Aber ich weiß, wovon ich spreche, weil ich dabei war. Man nennt das heute die ‹heroische Epoche›, und Sie können Gift drauf nehmen, daß es seine Berechtigung hat! Die geringste Panne konnte zur Katastrophe werden, weil es keine Materialwagen gab und die Fahrer jeden Defekt selbst beheben mußten. Ohne fremde Hilfe, verstehen Sie?»

«Ich versuche es», sagte Bud. «Aber Sie können mir doch nicht weismachen, daß eine kaputte Maschine nicht ersetzt wurde!»

«Genau so war es, lieber Freund! Heute kriegt ihr beim geringsten Defekt eine neue Maschine vom Materialwagen gereicht, und von dem Mann, der der unglückliche Vorkämpfer für diese Erleichterungen war, will ich Ihnen erzählen. Er hieß Eugène Christophe, und wir nannten ihn alle Cricri. Und diese Tour des Jahres 1913 hätte er auf einem Bein gewonnen, wenn das Reglement auch nur halbwegs so human gewesen wäre wie heute. Was Cricri passierte, währe heute in ein paar Sekunden vom Materialwagen aus behoben. Also, Christophe hatte, ich weiß es noch, als ob es gestern wäre, auf dem Gipfel des Tourmalet achtzehn Minuten Vorsprung auf den großen belgischen Favoriten Philippe Thys. Achtzehn Minuten, bedenken Sie! Das holt heute, wo ihr mit zehn Gängen auf geteerten Straßen die Gipfel stürmt, keiner mehr heraus. Christophe fährt also zu Tal und freut sich. Wahrscheinlich hat er dabei gesungen. Man singt gerne bei der Abfahrt, wenn der Aufstieg gelungen ist, stimmt's?»

Bud nickte. «Es ist ein phantastisches Gefühl.»

«Bloß hat's beim guten Christophe nicht lange gedauert. Plötzlich Gabelbruch. Diese Holzfällerwege hatten mehr Löcher als Schweizer Käse. Fast alles konnte dieser Cricri reparieren, denn er hatte das Schlosserhandwerk erlernt. Aber was gibt es bei einem Gabelbruch zu reparieren?»

«Wenn es keine Ersatzmaschine gab», sagte Bud, «war er erledigt.»

«Denken Sie! Wissen Sie, was er machte? Er montierte sein Vorderrad ab, nahm es in die linke Hand, und den Rahmen hielt er mit der rechten auf dem Rücken. So sah ich ihn in Sainte-Marie-de-Campan einlaufen, nachdem er vorher steile Abhänge auf dem Hintern hinuntergerutscht war, um die weit ausladenden Serpentinen abzuschneiden.»

«Aber inzwischen müssen ihn ja alle überholt haben.»

«Natürlich. Auch die Flaschen. Er hatte zwölf Kilometer Fußmarsch hinter sich. Aber es gab eine Schmiede im Dorf. Die gibt es übrigens heute noch. Wir Buben haben ihm den Weg gezeigt, und er sah aus, als ob er nicht von einem Berg herunter, sondern aus der Hölle käme. Hose und Trikot waren nur noch Fetzen, und wilde Augen glühten im dreckverschmierten Gesicht.»

«Sie wollen doch nicht im Ernst behaupten, er habe in dieser Schmiede seine Gabel geflickt?»

«Genau das, mein Lieber, genau das! Also passen Sie auf, was passiert. Christophe hat die Schmiede kaum betreten, als sie auch schon von der Rennleitung gesperrt wird. Sie müssen nämlich wissen, daß Henri Desgrange nicht nur der Erfinder und Chef der Tour war, sondern auch ein Journalist, der wußte, was die Leute lesen wollen. Zusammen mit drei Rennkommissaren hatte er Christophe im Dorf erwartet, weil er ahnte, daß es was zu schreiben gab. Er sperrt also die Schmiede ab, daß nicht das ganze Dorf hineinläuft, aber drei oder vier Buben, darunter ich, sind noch hineingeschlüpft. Einer tritt ihm den Blasebalg. Und unser Cricri schlägt mit dem Hammer auf Amboß und Gabel herum, bis das glühende Ding geflickt ist!»

«Und wie lange hat das gedauert?»

«Nun ja, sagen wir eine Stunde. Aber das Beste kommt noch. Als er sein Vorderrad wieder einsetzt, sagt einer der Kommissare: ‹Saubere Arbeit, Christophe, aber Sie wissen, daß wir Sie bestrafen müssen. Ein Junge hat den Blasebalg getreten. Sie haben also fremde Hilfe beansprucht. Aber wir belegen Sie nur mit einer Strafminute.›»

«Den hätte ich auf den Amboß gelegt», sagte Bud.

Der Alte kicherte. «Hätte auch nicht viel gefehlt! Cricri hat ins Feuer gespuckt und allen gesagt, daß sie ihn am Arsch lecken können. Und dann hat er schon wieder im Sattel gesessen. Vier Stunden hatte er mit Fußmarsch und Reparatur verloren, aber er hat diese Tour auf dem siebten Platz der Gesamtwertung beendet, und ganz Frankreich hat ihn ‹Le Vieux Gaulois› genannt. Er hat die Tour nie gewonnen, aber dieses Abenteuer hat ihn populärer als alle Toursieger seiner Epoche gemacht.»

«Vier Stunden Rückstand», sagte Bud, «sind heute undenkbar.»

«Gewiß, mein Lieber. Aber Sie dürfen auch nicht vergessen, daß Eugène Christophes Pech das starre Reglement gebrochen hat. Von nun an erlaubte die Rennleitung, daß Fahrer einer Mannschaft gegenseitig ihre Maschinen auswechseln durften, und auch Hilfe durch Fremde wurde in beschränktem Umfang gestattet. Ein in der Gesamtwertung gut placierter Fahrer büßte also durch einen größeren Materialschaden nicht mehr unweigerlich alle Chancen ein.»

«Sie wissen viel von der Tour», sagte Bud.

«Ich habe Ihnen ja gesagt, wo ich herkomme und daß die Tour immer durch unser Dorf gekommen ist. Sie muß es, weil sie nicht auf den Tourmalet verzichten kann.»

FERDINAND KÜBLER

*Früh übt sich, was ein Weltmeister
werden will*

Ich wurde 14 Jahre alt. Der Tag, an dem ich aus der Schule kommen würde, rückte näher. Meine Berufswahl stand zur Debatte.

Als Vater fragte, was ich werden wollte, gab ich zur Antwort: «Bitte, laß mich doch Berufsrennfahrer werden!»

«Was??» Ob dieser Ungeheuerlichkeit blieb ihm im ersten Moment die Sprache weg. Dann holte er Luft: «Berufsrennfahrer? Ja, bist du denn verrückt geworden? Eher jage ich dich aus dem Hause!»

Die anschließende Auseinandersetzung klärte definitiv, daß ich nie im Leben Berufsrennfahrer werden konnte, solange ich unter Vaters Aufsicht stand.

In meinem Kopf reifte ein Plan: Fort von zu Hause! Selbständig sein und auf eigenen Füßen stehen! Am besten wäre es, zu einem Bäcker oder einem Metzger arbeiten zu gehen, wo es immer etwas Gutes zu essen gab...

Ein Jahr nach meiner Schulentlassung – inzwischen arbeitete ich bei einem Bauern – setzte ich den in allen Einzelheiten ausgedachten Plan in die

Tat um. Keineswegs auf blauen Dunst hin; rechtzeitig vorher hatte ich die Eltern eines Freundes gebeten, für mich eine Stellung zu suchen.

Als ich abends schlafen ging, nahm ich mir fest vor, früh um drei Uhr aufzustehen. Vor Aufregung fand ich kaum Ruhe.

Unausgeschlafen, aber hellwach vor Nervosität, etwas könnte schiefgehen, kroch ich kurz nach drei Uhr aus den Federn. Mein Bündel – ich konnte es unter den Arm klemmen, so klein war es – lag, fertig gepackt, unter dem Bett versteckt. Vorsichtig, damit die uralten Dielen nicht knarrten, tappte ich hin und her, zog mich an, zerrte das Bündel unter dem Bett hervor...

Bis ich die Treppen hinunterkam, am Schlafzimmer der Eltern vorüber und aus dem Hause war, dauerte es fast eine halbe Stunde, so krampfhaft bemühte ich mich, geräuschlos vorwärtszukommen.

Es war kurz vor vier Uhr, als ich mich auf den Weg zum Bahnhof machte. Elf Schweizerfranken hatte ich in der Tasche, monatelang gesparte kleine Trinkgelder und Geld von der Kirmes, das ich mir für mein «Reisebudget» dazuverdient hatte.

Es war Mittag, als ich bei meinem neuen Dienstherrn in Männedorf am Zürcher See eintraf: bei Bäckermeister Schneebeli, der mich als Austräger engagiert hatte. Gegen 50 Schweizerfranken Monatslohn!

Das war derart viel Geld, daß ich es mir kaum auf einem Haufen vorstellen konnte.

Herr Schneebeli und seine Frau, deren mütterliches Wesen mir vom ersten Augenblick an gefiel, nahmen mich in Empfang. Oben, bei den Bäckergesellen, die im Dachgeschoß wohnten, bekam auch ich ein gutes Bett und einen Schrank zugewiesen.

«Hast Hunger, was?» fragte Frau Schneebeli, meine dünne Gestalt mitleidig musternd.

«Ja», sagte ich, «aber ich kann schon warten, bis es wieder was gibt!»

Sie lächelte, nahm mich mit in die Küche und machte mir, da das Mittagessen bereits vorbei war, drei dick mit Butter und herrlichem Gelee bestrichene, knusprigfrische Brötchen zurecht.

Donnerwetter – wenn das Essen hier immer so gut war, dann mußte sich meine »Kondition« ja bald heben! Bestimmt würde ich viel besser und ausdauernder radfahren können ...

Zu meinen Pflichten gehörte es jedoch nicht, mit dem Velo zu trainieren, sondern morgens Brot und Brötchen zu den in und bei Männedorf wohnenden Kunden zu bringen, ihnen mittags oder nachmittags die bestellten Kuchen oder Torten ins Haus zu tragen und mich im übrigen in der Backstube, im Garten und im Hause nützlich zu machen: Blätterteig auswalken, Kuchenbleche und Backöfen reinigen, Teigschüsseln auswaschen ...

Der Meister übergab mir für die Lieferungen das Geschäftsvelo, damit ich schneller herumkam – ein nicht mehr neues, aber ganz stabiles Rad. Die «Hutte», der Tragkorb, mit Brötchen und Brot gefüllt, wog etwa 30 bis 35 kg und mußte auf dem Rücken getragen werden – wie ein Rucksack mit Riemen um die Schultern befestigt.

Meist ging es, wenn die Hutte gefüllt war, bergauf. Je höher ich jedoch den «Pfannenstiel», einen steilen, dicht besiedelten Hang, hinaufkam, desto mehr leerte sich der Korb und wurde leichter.

«Bist du der neue Austräger vom Schneebeli?» hieß es in den ersten Tagen.

«Jawohl», antwortete ich würdevoll und übergab Brot oder Brötchen, die Lieferung in ein Heft eintragend, das ich mit mir führen mußte. Meist jedoch sah ich niemand und steckte die gewünschten Waren in die an den Haustüren befestigten Brotkästen.

Schon in der zweiten Woche kannte ich die Wege zum Pfannenstiel hinauf wie meine Westentasche. Als ich alles abgeliefert hatte, wollte ich das Rad einmal in vollem Tempo ausprobieren und sauste den Berg abwärts, daß der Staub nur so wirbelte. Fast unten, als ich an eine Kurve kam, begegneten mir ein paar Spaziergänger...

Handbremse – Rücktritt – ein schleifendes Geräusch – dann flog ich in hohem Bogen mitsamt Hutte und Velo in ein Gebüsch.

«Langsam, Junge!» rief mir ein Mann zu.

Was hieß hier «langsam»? Wollte ich Rennfahrer werden – und das wollte ich nach wie vor –, mußte ich auch lernen, auf die Nase zu fallen! Ich klopfte den Staub von der Hose, die ein Loch bekommen hatte, hob die Hutte auf und zerrte das Fahrrad aus dem Busch.

Ich hatte so scharf gebremst, daß die Kette gerissen war! Obendrein hatte sie sich so verklemmt, daß sie das Hinterrad blockierte und ich das Velo anheben und den Berg hinunterschieben mußte.

Vorsichtshalber ging ich gleich zur Reparaturwerkstatt.

«Wie hast du denn das gemacht?» fragte der Inhaber der Werkstatt, Herr Hefti, erstaunt, als er die bösartig verklemmte Kette endlich gelockert hatte und die Bruchstelle betrachtete.

«Ich mußte plötzlich bremsen – oben, am Pfannenstiel», sagte ich. «Ist das sehr teuer, Herr Hefti?» Meine Sorge galt der Frage, ob ich bei meinem Meister Krach bekommen würde.

«Teuer? Na, eine neue Kette muß halt dran!»

Herr Schneebeli war nicht gerade begeistert, als ich endlich mit dem reparierten Rad heimkam und ihm von meinem Malheur berichtete. Als sparsamer Mann mochte er es nicht, wenn irgendwo unnütze Kosten entstanden.

«Paß nächstesmal gefälligst besser auf und fahr

nicht wie ein Verrückter den Pfannenstiel runter!» ermahnte er mich ernst.

Ich beteuerte es, aber leider konnte ich das Versprechen nicht halten. Alle paar Tage war etwas anderes kaputt: noch mal die Kette, dann ein Pedal, das durch die Gewalt, mit der ich den Berg mit meiner schweren Last hinauffuhr, gebrochen war, oder ein Reifen, der platzte, weil ich in der Abfahrt auf einen zu spitzen Stein geriet...

Endlich zog ich Herrn Schneebeli bezüglich meiner Berufsrennfahrerpläne ins Vertrauen. Er hörte mich zunächst wortlos an, meinte dann aber: «So? Und nun trainierst du also mit dem Geschäftsvelo und glaubst, ich bezahle alle drei Tage deine Reparaturen?» Mit gesenktem Kopf nahm ich die Frage hin.

Nicht so Herr Schneebeli. Als ich das nächstemal mit dem Rad zu Herrn Hefti in die Reparaturwerkstätte kam, war dessen erste Bemerkung: «Hast du Geld für die Reparatur, Ferdi?»

«Geld??» fragte ich entsetzt.

«Ja – Geld! Herr Schneebeli bezahlt's nämlich nicht mehr, hat er gesagt.»

Das verschlug mir völlig die Rede. Dann drehte ich meine Taschen um und zog zwei Franken heraus: «Reicht das, Herr Hefti?» fragte ich kleinlaut.

Er musterte die verbogene Felge des Hinterrades. «Hm», knurrte er dann. «Diesmal mache ich dir's umsonst, aber nächstesmal mußt du vorausbezahlen!»

Strahlend zog ich davon.

Wenige Tage nach meinem Eintreffen in Männedorf hatte ich Mutter angerufen und sie von ihrer Sorge um mich befreit.

«Gott sei Dank, Junge!» war alles, was sie zunächst herausgebracht hatte. Dann erfuhr ich, daß mich Vater seit Tagen verzweifelt suchte. Ich hatte die Möglichkeit, die Eltern könnten sich über mein Verschwinden ernsthafte Sorgen machen, gar nicht in Betracht gezogen.

Vaters Erziehung zur Sparsamkeit wirkte so nachhaltig, daß ich nach Erhalt meines ersten Monatslohnes zur Post wanderte und stolz vierzig Franken an ihn einbezahlte. Das hielt ich auch in Zukunft so: vierzig Franken für Vater, zehn für mich.

Diese zehn Franken waren, das erfuhr ich nun bald, recht knapp, um alle Reparaturkosten zu decken. Immer wieder ging etwas kaputt, und ich verstand nicht recht, warum ein Fahrrad so «wenig» aushalten konnte. Dabei hatte ich doch vor, einen Rappen auf den anderen zu legen, bis ich mir endlich ein Rennrad kaufen konnte!

Herr Schneebeli war – abgesehen von meinen Abenteuern mit dem Geschäftsrad – recht zufrieden mit mir. Eines Tages jedoch wäre ich um ein

Haar endgültig in Ungnade gefallen. Und das kam so.

Eine besonders gute Kundschaft hatte anläßlich einer kleinen Familienfeier eine Zwetschgentorte bestellt, die ganz besonders gut und saftig zurechtgemacht worden war.

«Paß schön auf, Ferdi!» ermahnte mich der Meister, als er mir die Torte übergab. «Und fahr gefälligst anständig und langsam. Verstanden?»

«Jawohl, Herr Schneebeli!»

Ich balancierte die Torte auf der linken Handfläche und radelte los. Es war nicht sehr weit, und ich nahm mir vor, in zehn Minuten zurück zu sein. Wenn ich tüchtig «antrat», mußte das möglich sein. Und so fuhr ich derart «tüchtig», daß ich den Bogen zur Garteneinfahrt des Kunden, der eine in einem Park gelegene Villa bewohnte, nicht richtig nehmen konnte. In hohem Bogen flog ich in die Blumenrabatten – mitsamt der Zwetschgentorte...

Als ich wieder zu mir kam – ich war vom Sturz ganz benommen und fischte als erstes einen Rosendorn aus dem Zeigefinger, der dort feststeckte und pikte –, entdeckte ich die Torte. Sie hing, fast symmetrisch verteilt, im Vorderrad. Der Saft tropfte von den Speichen...

Schade um die schöne Torte! Ich rappelte mich auf und begann, die Überreste von der Felge und den Speichen zu lösen, um sie mir in den Mund zu stopfen. Wenigstens etwas wollte ich davon retten!

Niemand im Hause hatte etwas von meinem Kommen bemerkt. Als ich das Vorderrad notdürftig gereinigt, die nicht eßbaren Kuchenreste versteckt, die geknickten Blumen aufgerichtet und mich selbst wieder aufs Velo geschwungen hatte, um heimzufahren, kamen mir Bedenken.

Was sollte ich bloß Herrn Schneebeli sagen? Punkt ein Uhr sollte die Torte geliefert sein. Jetzt war es Viertel nach zwölf, und in einer Dreiviertelstunde eine neue Torte herbeizuzaubern – ob das möglich war?

«Du bist ja schon wieder da?» fragte Herr Schneebeli mißtrauisch, als ich ankam.

«Die Torte hat den Herrschaften so gut gefallen, daß sie gleich noch mal dieselbe möchten, Herr Schneebeli», sagte ich stotternd. Dabei nahm ich mir vor, den Fehlbetrag aus meinem Trinkgeld-Sparbeutel zu ersetzen, damit mein Chef nichts von meinem Mißgeschick erfuhr.

Herr Schneebeli sah mich stirnrunzelnd an. Sein Blick schweifte ab und traf das Vorderrad des Velos.

«Was ist denn das??» fragte er, bückte sich und tippte mit dem Zeigefinger auf einen dunkelroten, klebrigen Klecks an der Felge.

Und dann bekam ich ohne Vorwarnung eine Ohrfeige von ihm auf die linke und gleich anschließend noch eine auf die rechte Backe:

«Nicht dafür, daß du hingefallen bist, du Lausebengel, sondern für's Schwindeln!»

Mit wehender, wie immer blütenweißer Schürze stürzte er in die Backstube, mich hinter sich herziehend. Und während er die Ärmel aufkrempelte, um sofort an die Arbeit zu gehen, befahl er mir, die Kunden von meinem «Versehen» zu unterrichten, mich sofort bei ihnen zu entschuldigen und die neue Torte für halb zwei Uhr zuzusagen.

Viel langsamer fuhr ich den Weg zum zweitenmal, um dann – mit blutrotem Gesicht – stammelnd mein Sprüchlein vorzubringen. Die Hausfrau war wenig begeistert davon, und an Trinkgeld war unter diesen Umständen überhaupt nicht zu denken.

Punkt Viertel nach ein Uhr balancierte ich, vorsichtig wie auf Eiern fahrend, Torte Nummer zwei an ihren Bestimmungsort, wo ich diesmal mit meiner Last ohne nennenswerten Unfall ankam.

Die kräftige Verpflegung, die ich in Männedorf erhielt, half mit dazu, mich in einen Kräftezustand zu versetzen, der ein immer ernsthafteres Training erlaubte. Halb sieben Uhr früh begann meine erste Liefertour zu den Kunden, mittags die zweite – wobei die Hutte immer mit 30 bis 35 Kilo Backwaren beladen war. Damit kräftigte sich auch meine Schultermuskulatur.

Aber schon vorher, nämlich gegen fünf Uhr

früh, machte ich meine erste «Privatausfahrt» und trainierte, trainierte, trainierte. Da ich stets pünktlich zum Arbeitsantritt zur Stelle war, hatte Herr Schneebeli nichts daran auszusetzen. Er bezahlte sogar manchmal wieder eine Rechnung des Herrn Hefti, soweit ich die Reparaturen nun nicht bereits selbst ausführen konnte.

Ich war über zwei Jahre bei dem Bäckermeister, als ich eines Tages zufällig erfuhr, daß ein Zürcher Uhrengeschäft gegen 20 Franken Wochenlohn einen Austräger suchte. Das wäre für meinen Entschluß, den Männedorfer Meister zu verlassen, nicht ausschlaggebend gewesen, denn bei Schneebelis wurde ich längst wie ein Sohn gehalten.

Ausschlaggebend war für mich einzig die ersehnte Nähe «großer Ereignisse», die beispielsweise auf der Zürcher Radrennbahn stattfanden.

Die Männedorfer Familie ließ mich ziehen, aber wir blieben auch weiterhin gute Freunde.

Ein ganz neues Leben begann.

Zunächst fuhr ich nach Hause. Es war Zeit, mich mit Vater einmal auszusprechen. Erstaunt stellte ich fest, daß er inzwischen – nachdem nun schon die zwei ältesten Söhne aus dem Hause waren – um vieles nachgiebiger geworden war.

«Wenn du willst, kannst du hier wohnen und fährst eben täglich nach Zürich», bot mir Vater sogar an.

Und so wurde es dann gemacht. Es wäre ohnehin nicht möglich gewesen, mit den 80 Franken, die ich monatlich verdiente, in Zürich ein möbliertes Zimmer zu nehmen und mich davon auch noch zu ernähren und zu kleiden.

Tagtäglich, bei jedem Wetter, fuhr ich von nun an früh von Marthalen nach Zürich und abends zurück; mit einem alten Velo, zu dem mir Vater ein paar Austauschteile gab, damit ich unterwegs nicht damit zusammenbrach. Das bedeutete: zweimal täglich 42 = 84 Kilometer!

Herr Barth, mein neuer Chef, ein großer, stattlicher Mann, war streng, aber immer gerecht.

Nach einem Jahr besserte er mein Gehalt auf 120 Franken monatlich auf. Dazu kamen auch bei meiner jetzigen Beschäftigung hier und dort ein paar kleinere Trinkgelder. Kurz – nach etwa anderthalb Jahren hatte ich genug Geld gespart, um mir ein Rennrad kaufen zu können!

Es war knallrot lackiert, und ich war restlos glücklich.

Doch dieses Glück dauerte nur drei Tage. Das Rad stand tagsüber im Kellergang des Hauses Bahnhofstraße 94, in dessen Erdgeschoß sich unser Uhrengeschäft und eine Buchhandlung befanden. Als ich am Abend des dritten Tages im Dunkeln nach dem Rad greifen wollte – war es weg. Gestohlen!

Und das passierte mir ausgerechnet eine Woche

vor dem ersten ernsthaften Rennen der Anfängerklasse in Zürich-Hoengg, zu dem ich mich gemeldet hatte!

Was tun?

Erneut sparen! Etwas anderes fiel mir nicht ein, und etwas Besseres schien es auch nicht zu geben.

Wenige Tage später tat ich mich mit meinem ältesten Bruder Alfred zusammen, der – obwohl er gelernter Mechaniker war – bei einem Metzger arbeitete. Gemeinsam mieteten wir ein bescheidenes Zimmer; das verringerte die Unkosten für jeden von uns, und ich hatte nun keinen so weiten Weg mehr ins Geschäft.

Als Alfred von meinem Pech mit dem neuen Rad erfuhr, meinte er: «Wart mal, Ferdi, ich glaube, da gibt's einen Ausweg!»

Jaggi von Arx, ein Freund, borgte mir das Geld für ein neues Velo: 200 Franken! Ich unterschrieb einen Schuldschein, mit dem ich mich verpflichtete, monatlich 10 Franken zurückzuzahlen. Der Mann hatte etwas für den Radsport übrig!

Selig kaufte ich mir mein zweites Rennrad, wieder knallrot lackiert...

Zu meinem ersten Rennen in Affoltern am Albis – jenes in Zürich-Hoengg war mir ja entgangen – erschien ich in einer blauen Turnhose mit flatternden Hosenbeinen und mit einfachen Straßenschuhen an den Füßen. Hauptsache war ja schließlich das Rad!

«Mensch – was ist denn das für ein Bauer?» grinsten die anderen Fahrer, die in schickem Renndreß, mit richtigen Rennschuhen ausgerüstet, neben mir standen.

Den «Bauer» wollte ich denen schon zeigen! Und obwohl ich zweimal ziemlich hart stürzte, wurde ich – dritter!

Am Sonntag drauf war ein Anfängerstart innerhalb des Bergrennens Luzern-Engelberg angesetzt. 188 Fahrer standen am Start. Und wieder wurde ich dritter.

Mein Preis bestand in einem ganzen Emmentaler Käse, der sehr viele Löcher hatte. Ich aß ihn im Laufe der folgenden Tage und Wochen mit bestem Appetit auf.

1938 gewann ich, nun in der Juniorenklasse fahrend, das Kriterium von Glarus, das Straßenrennen in Baar und – die Genfersee-Rundfahrt! Drei Siege! Das bedeutete den Passierschein hinüber in die Klasse der «richtigen» Amateure.

In diesem Jahr wurde der Schweizer Hans Knecht Weltmeister. Die Stadt Zürich bereitete ihm einen rauschenden Empfang. Das blumengeschmückte, offene Auto, in dem der frischgebackene Träger des Regenbogentrikots saß und lachend herauswinkte, kam auch am Hause Bahnhofstraße 94 vorüber, vor dem ich mit Herrn Barth und den anderen Angestellten der Firma stand.

Ich mußte kämpfen, um meine Freudentränen hinunterzuschlucken, und plötzlich stieß ich hervor: «In zehn Jahren fahre ich da auch so vorbei, Herr Barth!»

«Spinnst du, Ferdinand?» fragte Herr Barth. Das war die einzige Resonanz auf meine großartige Ankündigung...

Allerdings sollten nicht zehn, sondern zwölf Jahre vergehen, bis ich dort – von der Tour de France aus Paris kommend – im Triumphzug vorüberfuhr.

Im Winter 1938/39 nahm ich noch an einem Querfeldeinrennen in Schlattingen teil – und gewann es ebenfalls.

Herr Barth nahm mich daraufhin ins Gebet: «Du hast gestern an einem Rennen teilgenommen, Ferdinand?»

«Ja, Herr Barth! Und ich hab auch gewonnen!» Stolz brachte ich es heraus.

Herr Barth blieb, wie immer, höflich. «Würdest du bitte zur Kenntnis nehmen», sagte er, «daß ich keinen Angestellten brauchen kann, dessen Name am Montagmorgen in den Zeitungen steht! Das schickt sich nicht!»

«Aber...»

«Kein Wort mehr darüber», sagte er. «Ich wünsche das nicht!»

Zunächst kamen ohnehin die Monate ohne Rennveranstaltungen, so daß es mir nicht schwerfiel, den Anweisungen meines Chefs zu folgen. Im Frühjahr 1939, als die Saison nahte, juckte mich aber schon wieder das Fell.

Ich war zu streng erzogen, um gegen Herrn Barth aufzumucken.

Dennoch war ich – nun fast zwanzigjährig – der Meinung, ich könnte mit meiner Freizeit doch eigentlich anfangen, was ich wollte.

In dieser Ansicht wurde ich wieder schwankend, als mir Herr Barth das Angebot machte, mit der Austragerei aufzuhören und statt dessen in seinem Geschäft mit einer vernünftigen kaufmännischen Lehre zu beginnen. Bald saß ich tagsüber also am Schreibtisch, füllte Postscheckzettel aus, führte das Reparaturbuch und sorgte für die Expedition der Post. Das Austragen besorgte nun ein «Neuer».

Einige Zeit vor Pfingsten las ich in der Zeitung, daß an den Feiertagen in Locarno ein großes Rennen ausgetragen würde. Gino Bartali käme, dazu viele andere bekannte Fahrer aus dem In- und Ausland...

Gino Bartali – mein Idol!

Neben diesem großen Profirennen in Locarno sollte in Lugano-Paradiso noch ein Kriterium für Amateure ausgetragen werden, zu dem ich mich sofort meldete.

Pfingstsamstag fuhr ich los: von Zürich aus über Altdorf, die alte Gotthard-Schotterstraße hinauf, drüben das Velo vom Paß hinunterlaufen lassend nach Airolo und über Biasca und Bellinzona nach Locarno. In einem Jugendheim bekam ich Quartier.

Am Sonntag fand das Rennen der Berufsrennfahrer statt. Zum erstenmal in meinem Leben sah ich sie alle von Angesicht zu Angesicht vor mir: die großen Vorbilder...

Aufgewühlt bis ins Innerste, kehrte ich am Abend in das Jugendheim zurück.

Weder für ein kleines Hotel noch für eine bescheidene Fremdenpension hätte meine Barschaft ausgereicht, denn ich zahlte eifrig an den Schulden für mein Fahrrad ab.

Als Proviant führte ich im Rucksack eine kleine Wurst, einen Laib Brot und ein halbes Pfund Zucker mit. Ein wenig Zucker, in einfachem Brunnenwasser aufgelöst, ergab einen bescheidenen, aber nahrhaften Trank. Für Selters oder Limonaden hatte ich kein Geld; außerdem war so etwas der Kondition nicht zuträglich...

Gegen Abend fuhr ich über den Ceneripaß nach Lugano hinüber und fand dort – wiederum in einem Jugendheim – einen Strohsack als Lager.

In der Nacht konnte ich vor lauter Aufregung kaum schlafen. Meine Phantasie ging mit mir durch, und ich sah mich selbst schon als berühmten Rennfahrer: einen Lorbeerkranz umgehängt, Blumen in den Armen, von begeisterten Massen umringt, die mich auf die Schultern hoben und «Ferdi – Ferdi!» riefen.

In Schweiß gebadet wachte ich auf, aber es war erst zwei Uhr morgens...

Überpünktlich stand ich am Start zum Kriterium der Amateure.

Ein solches Kriterium ist ein Rundstreckenrennen innerhalb einer abgesperrten Route, für deren Betreten Eintritt kassiert werden kann.

Unser Kriterium an diesem Pfingstmontag ging vierzigmal über eine 2 Kilometer lange Runde, also über insgesamt 80 Kilometer.

Niemand beachtete mich, als ich mit meinem brennendroten Fahrrad und in meiner noch immer unvorschriftsmäßigen Kleidung an den Start kam. In der Hoffnung, eines meiner großen Vorbilder stände vielleicht unter den Zuschauern und könne mich sehen, fuhr ich, als ginge es um mein Leben!

Die Strecke war zunächst flach, führte dann eine steile Straße aufwärts – so steil, daß man am Schluß fast stehen blieb –, ging im Schuß abwärts und wurde wieder flach.

Endlich, nach der dritten Runde, fand ich den «Absprung» und spurtete den anderen davon. 10 Meter – 20 Meter – 30 Meter Vorsprung...

Wie der Teufel fahrend, hatte ich nach 6 oder 7 Kilometern das ganze Feld überrundet und legte eine Schnaufpause ein. Dasselbe wiederholte ich nochmals, und als der 80. Kilometer gefahren war, hatte ich das Feld zweimal überrundet – und war Sieger.

Wer kann mein Glück beschreiben! Man rief «Bravo!» und erkundigte sich: «Wie war doch gleich der Name des Siegers? Kübler? Ferdinand Kübler? Aha...»

Um mein Glück zu vervollkommnen, bestand der erste Preis in einem Rennrad! Eine knappe Stunde später hatte ich es bereits verkauft: gegen bare 190 Schweizerfranken!

Jetzt konnte ich mein eigenes Velo sofort restlos abzahlen. Ja, und ein großartiges Abendessen konnte ich mir auch leisten. Es bestand aus einer Riesenportion Spaghetti mit Ragoutsoße. Und es kostete genau einen Franken vierzig.

Satt, müde und restlos zufrieden fiel ich abends auf meine Lagerstatt im Jugendheim und schlief sofort ein.

Dienstag (ich hatte mir den Tag vorsorglich von Herrn Barth freigeben lassen) radelte ich die rund 200 Kilometer nach Adliswil zurück – nochmals über den Gotthardpaß.

«Du hast wieder ein Rennen gefahren, Ferdinand!» empfing mich Herr Barth am Mittwoch morgen.

«Jawohl», sagte ich und fügte stolz hinzu: «Und ich habe gewonnen und ein Velo als Preis bekommen: Ich hab's gleich verkauft. 190 Franken hab ich dafür erhalten!»

«Und dafür riskierst du deine Knochen?» fragte der Chef mißbilligend. «Es wäre vernünftiger, du würdest ein guter Kaufmann und schlügest dir endlich diesen Rennfahrer-Unsinn aus dem Kopf, Ferdinand! Was ist ein solcher Rennfahrer schon? Kaum ist er 30 oder 35 Jahre alt, sitzt er da, kann nichts und hat nichts!»

«Aber die verdienen so viel Geld, Herr Barth!»

«So, meinst du? – Mag sein. Aber wenn sie aufhören, haben sie nichts mehr und sind bettelarm. Du müßtest doch wissen, wie das ist, wenn man nichts hat. Glaubst du nicht, du tust besser daran, ein guter Kaufmann zu werden? Dann weißt du, was du bist und was du hast!»

«Sicher», sagte ich, «aber wenn man sparsam ist, kann man doch das viele Geld, das man als Rennfahrer verdient, auf die Bank tun und später was damit anfangen!»

Seufzend wandte er sich von mir ab: «Du glaubst hoffentlich nicht im Ernst, daß du ein zweiter Bartali wirst, Ferdinand?»

Doch; davon war ich fest überzeugt! Aber das sagte ich lieber nicht. Brav saß ich zwei Minuten später am Schreibtisch.

DONALD AHRENS

Knigge für Radfahrer

Radfahren soll Vergnügen machen und kein Kamikazesport werden. Deshalb sollte man diese 24 Regeln beachten, denn ihr Einhalten ist eine Selbstschutzangelegenheit.

1. Bevor man im Verkehr aufs Rad steigt – umsehen, ob man nicht gerade ganz dicht überholt wird.
2. Kleinsten Gang einlegen, losfahren, schnell schneller werden, schalten.
3. Radfahrer müssen die äußerste rechte Fahrbahnseite benutzen.
4. Beim Überholen von anderen sich in gleicher Richtung auf derselben Fahrbahn vorwärtsbewegenden Verkehrsteilnehmern, ganz besonders beim Umfahren von stehenden oder geparkten Fahrzeugen, muß wie beim Autofahren ein deutliches Zeichen gegeben werden, damit nachfolgende Verkehrsteilnehmer etwa beabsichtigte Überholmanöver nicht ausführen. Gibt der Radfahrer kein Zeichen, kann er bei der «Fahrtrichtungsänderung» leicht von hinten angefahren werden.
5. Überholt wird in Ländern mit Rechtsverkehr grundsätzlich links (Ausnahmeregelungen gelten

nur für KFZ). Einzige Ausnahme für Radfahrer: Beim Einordnen zum Linksabbiegen muß eine stehende oder langsamer fahrende KFZ-Kolonne auf der linken Fahrbahn (bei mindestens zwei Fahrspuren) vom Radfahrer rechts überholt werden.

6. Radfahrer müssen einzeln hintereinander fahren. Nur wenn sie den übrigen Verkehr nicht behindern – das ist fast nie der Fall – dürfen zwei Radfahrer nebeneinander fahren. Eine Behinderung liegt schon dann vor, wenn der schnellere Verkehr beim Überholen auf die Gegenfahrbahn ausweichen muß. Nebeneinander radfahren lenkt die Aufmerksamkeit ab – man unterhält sich, sonst würde man ja hintereinander bleiben – und deshalb ist das Nebeneinanderfahren so gefährlich.

7. Vorsicht vor haltenden oder geparkten Autos. Wenn beim Vorbeifahren unvermutet eine Tür geöffnet wird, stürzt der Radfahrer fast immer. Außerdem könnten Kinder hinter dem die Sicht verdeckenden Fahrzeug hervorlaufen.

8. Radwege in Ortschaften sind keineswegs so sicher, wie immer behauptet wird. Sie werden nämlich auch von Mofafahrern benutzt, und viele Fußgänger überqueren sie, ohne sich vorher umzusehen. Besonders Kinder und alte Leute gefährden die Radwege.

9. An Zebrastreifen hat jeder Fußgänger «Vorfahrt». Das gilt auch für Radfahrer. Diese dürfen

auch nur in langsamer Bremsfahrt heranfahren, das heißt, sie dürfen nicht angerast kommen und dann plötzlich auf die Bremse hauen. Wenn bereits irgendein Fahrzeug oder Radfahrer an dem Zebrastreifen hält, so zwingt dies alle anderen Fahrbahnbenutzer, ebenfalls anzuhalten. Bei Verkehrsstauungen müssen die Zebrastreifen freigehalten werden.

10. Besondere Vorsicht ist an Bus- oder Straßenbahnhaltestellen geboten. Busse dürfen sich die Eingliederung in den rollenden Verkehr erzwingen; an Trambahnhaltestellen dürfen Radfahrer aus- und einsteigende Personen nicht behindern.

11. An Schienenkreuzungen muß der Radfahrer vor der Schranke, vor dem Warnkreuz und vor dem Rotlicht anhalten.

12. Wenn Radwege vorhanden sind, muß sie jeder Radfahrer benutzen, und zwar nur in der erlaubten Fahrtrichtung, die an jeder Einmündungsstelle auf einem Verkehrsschild angezeigt ist.

13. Wenn auf Landstraßen ohne gesonderte Radwege weiße Fahrbahnrandstreifen vorhanden sind und rechts davon noch genügend Asphalt ist, muß der Radfahrer rechts von dieser Begrenzungslinie bleiben.

14. Für Radfahrer gelten dieselben Verkehrsschilder und Vorschriften wie für Autofahrer.

15. Jedes Fahrzeug, das eine «abknickende»

Vorfahrtsstraße benutzt, muß ein deutliches Zeichen geben; das gilt besonders für Radfahrer.

16. Das Linksabbiegen ist für Radfahrer besonders riskant. Man muß sich zuerst umsehen, ob von hinten kommende Fahrzeuge schon zum Überholen ansetzen. Ist dies der Fall, muß man mit dem Abbiegen warten und oft sogar absteigen. Der Radfahrer muß seine Absicht abzubiegen immer deutlich mit der Hand anzeigen. Beim Linksabbiegen ordnet er sich mit dieser Zeichengebung auf den linken Abbiegestreifen rechts ein, so daß er von schnelleren, auch nach links abbiegenden Fahrzeugen links überholt werden kann. Dieses Einordnen hat vor der durchgezogenen weißen Linie zu geschehen. Auch Radfahrer dürfen solche Trennlinien nicht überfahren.

17. Der Linksabbiegevorgang beginnt, wenn das Fahrzeug oder der Radfahrer in die andere, kreuzende Straße einfährt. Am besten und sichersten ist es für Radfahrer, wenn sie erst den gesamten Gegenverkehr, auch den nach rechts abbiegenden, fahren lassen und erst nach Freiwerden der Kreuzung abbiegen. Bei engen, einspurigen Straßen mit oder ohne Gegenverkehr darf sich ein Radfahrer zum Linksabbiegen nicht links einordnen; er muß an der rechten Seite warten, bis die Straße frei ist. Er darf aber auch absteigen, sein Rad auf den Gehweg heben und nun als Fußgänger zu dem gegenüberliegenden Fußweg gehen.

Auf die gleiche Art kann er die drübenliegende Straßenmündung überqueren und sein Rad dort wieder auf die Fahrbahn setzen und weiterfahren.

18. Überholverbotsschilder gelten auch für Radfahrer. Sie dürfen andere Radler oder langsamere Fahrzeuge nicht im Überholverbot überholen.

19. Halten ist überall dort auch für Radler verboten, wo es den Autos verboten ist. Geparkte Räder an Verbotsstellen können durch die Polizei entfernt werden.

20. Radfahrer dürfen nie auf öffentlichen Straßen freihändig fahren. Auch ihre Füße müssen immer auf den Pedalen ruhen. Bei abschüssigen Straßen oder plötzlichen Gefahrensituationen wäre sonst das Betätigen der Rücktrittbremse nicht mehr möglich.

21. Hunde dürfen, wenn es niemanden behindert, vom Fahrrad aus geführt werden. Alle anderen Tiere sind von dieser Regel ausgeschlossen.

22. Das Schieben von Rädern auf den Fahrbahnen der Einbahnstraßen in entgegengesetzter Richtung ist verboten, das Schieben auf dem Gehweg jedoch nur erlaubt, wenn Fußgänger dadurch nicht behindert werden.

23. Radfahrer dürfen sich weder an Mofas noch an anderen Fahrzeugen anhängen, selbst das Inschleppnehmen eines Radlers durch einen anderen ist verboten.

24. Auf dem Fahrrad mitgeführtes Gepäck oder Lasten dürfen seitlich nicht mehr überstehen als die eigene Schulterbreite.

HEINZ LÜTHI

Regen

Es konnte dank gemeinsamer Bemühungen durchgesetzt werden: eine Schweizerreise mit Velo und Zelt. Unbegreiflich, was unsere Altvordern dagegen alles einzuwenden hatten, dabei fehlte im Grunde genommen bloß das Zelt. Allerdings, ein Zweierzelt gab's nicht mehr im Sportgeschäft, denn kaufen wollten wir den Unterschlupf nicht, dafür war ein Sechserzelt zum Mieten vorrätig.

«Sexerzelt», zwinkerte der Verkäufer uns Fünfzehnjährige an, «Sexerzelt mit wasserundurchlässigem Stamoidboden. Einmalige Gelegenheit für so junge Kerle, die doch sicher mal sehen wollen, wie's funktioniert.» – «Ja», meinte Heini, «wenn Sie uns noch eine Betriebsanleitung mitgeben könnten, eine Aufstellungsanweisung, da wir beide keine Zelter und Camper sind und auch schlechte Handwerker.» Hatte man mich doch wegen übermäßigen Holzverbrauchs aus einem städtischen Hobelkurs entfernen müssen, und Heini beklagte beinahe den Verlust seines rechten Daumens anläßlich der Herstellung eines Messingaschenbechers. Der Verkäufer mußte einsehen, daß er es wirklich mit Unerfahrenen zu tun hatte, und als wir mit dem währschaften Sechserzelt auf dem Gepäckträger die Grimsel hinaufstampften, Kocher, Petrol, Wäsche und Proviant in den Satteltaschen und obenauf die Schlafsäcke gebunden, da kam es uns auch vor, als fehle uns die Erfahrung, am Berg selbstverständlich. An steilen Stellen mußten wir unsere Räder schieben. Es war, besonders nachdem die ersten schweren Tropfen fielen, eine mühsame Angelegenheit. Wagen um Wagen fuhr mit pendelnden Scheibenwischern an uns vorbei und bespritzte uns. Schwitzend unterm Regenschutz, klatschnaß im Gesicht, musterten wir oberhalb Guttannen die Landschaft, um einen Platz für unser schwergewichtiges Sechserzelt zu suchen. Aber, so hatte uns der Verkäufer mehrmals eingeschärft, bei Regen dürfe das Zelt keinesfalls aufgestellt werden, sonst «seiche» es, was man etwa mit rinnen übersetzen kann. Wir strebten mühevoll der Paßhöhe zu und wirklich, abgekämpft, ausgepumpt und mit wackelnden Knien erreichten wir den Grimsel-Stausee. Wir ließen uns mit Tee vollaufen und fanden es sehr merkwürdig, daß kein Restaurant, nicht einmal ein Würstchenstand oder ein Kiosk die Paßhöhe zierte. Endlich stiegen wir wieder auf unsere Stahlesel, und nach wenigen Minuten Fahrt dem See entlang begann's wieder zu steigen. Dann kann das vorhin also nicht die Paßhöhe gewesen sein, folgerten wir, und ziemlich unfroh, denn solche Schlüsse tun weh, stampften wir weiter. Unser Tee war nicht unbedingt ein stimulierendes Getränk, er war, so hatten wir den Eindruck, vom Magen direkt in die Waden geflossen und machte uns auch an andern Orten nicht wenig zu schaffen. Kurz, schwabbelig und völlig erschöpft krochen wir mühsam der Paßhöhe entgegen. Diesmal war es wirklich keine Täuschung. Souvenirstand, Restaurant, einige frierende Holländer, Deutsche und Franzosen standen, die Hände in den Hosentaschen, herum und versuchten, etwas von der Umgebung zu erhaschen. Das war gar nicht so einfach, denn zum strömenden Regen gesellte sich nun auch der Nebel, der den Hängen entlangkroch. Mitleidig belächelt von den motorisierten Paßfahrern, lehnten wir unsere Räder an die Mauer des Restaurants und gossen den letzten Rest Tee in uns hinein. Der Schweiß war bald getrocknet, und nachdem die Kälte unter unsern Regenschutz zu kriechen begann, blieb uns nicht viel anderes übrig, als die Talfahrt in Angriff zu nehmen. Ein Husarenstück! Ich weiß nicht, welche Geschwindigkeit wir auf der abschüssigen Paßstraße erreichten – mir wird heute noch schwindlig im Gedanken daran. Die Finger wurden vor Kälte klamm. Wir schlotterten buchstäblich dem Wallis zu. Drei Stunden später hatten wir Visp erreicht und noch immer regnete es in Strömen. Vom Aufstellen des Sechserzeltes konnte keine Rede sein.

In der Jugendherberge fanden sich im Schlafsaal noch zwei Plätze in der Nähe einer mehrköpfigen Bernerfamilie, die mit einem veritablen Mercedes vorgefahren war und Kofmehl hieß. Diesem Herrn Kofmehl wurde von der Leiterin und Hausmutter die Aufgabe übertragen, für Ruhe und Ordnung zu sorgen, was besagter Herr Kofmehl auch in forscher Art tat. Er fuhr, so darf man füglich sagen, in wuchtigem Befehlston in die Schar gar nicht schlaftrunkener Gäste, was auch bei langanhaltendem Landregen nicht die richtige Art ist, mit Jugendlichen umzugehen. Herr Kofmehl erlebte einen äußerst turbulenten Nachtbeginn; er wurde von Gelächter und anzüglichen Bemerkungen dauernd im Schlafsaal herumgehetzt, bis Heini unter seinem Schlafsack hervorkrähte: «Herr Kofmehl, sorgen Sie doch endlich für Ruhe!» Dies war das Signal zu einem herrlichen Gaudi, hatte doch die Besatzung des Schlafsaals sehr schnell den Dreh herausgefunden, um Herrn Kofmehl auf Touren zu halten. Ruhestörungen und lauthals gekrähte Bitten um Ruhe hielten sich hübsch die Waage und Herrn Kofmehl dauernd in Trab, um die Quellen irgendwelcher Ärgernisse aufzuspüren und vermeintliche Ruhebedürftige zu beschwichtigen. Ja, es kam zu eigentlichen Anklagen gegen Herrn Kofmehl, der es offensichtlich nicht verstehe, für Ruhe und Ordnung zu sorgen. Als einer meinte, eigentlich sei nur dieser Kofmehl am ganzen Schlamassel schuld, brüllte der Saal voll Einverständnis. «Herr Kofmehl», hieß es, «wir werden uns über Sie beschweren», bis der arme Kerl schließlich seinen Schlafsack rollte, das Feld räumte und auf den Liegesitzen seines üppigen Gefährtes nächtigte. Und damit kam tatsächlich Ruhe in den Saal.

Wir schliefen weit in den Morgen hinein, Kofmehl mit Familie hatte längst das Weite gesucht. Gegen Mittag radelten wir Richtung Genfersee. Der Himmel war verhangen. Von Zeit zu Zeit entlud sich ein kleines Gewitter. Wir nächtigten nochmals in einer Jugendherberge am Weg, ohne Kofmehl anzutreffen, und erreichten am nächsten Tag endlich unser Reiseziel, den Murtensee.

Jetzt konnte unser stolzes Sechserzelt in Betrieb genommen werden. Und wahrlich, es war eine Masse Zelttuch, Pflöcke, Stangen und Schnüre, was da auf dem Boden lag. Das Aufstellen verlief erstaunlich reibungslos, noch immer tröpfelte es aus dem verhangenen Himmel. Das Zelt mit angenähtem Vordach war wirklich eine großartige Sache. Wir machten in seinem Schutz auf dem Spirituskocher Wasser für eine Minestrone aus dem Beutel heiß und nahmen im See noch ein kurzes Bad. Frisch war's, als wir aus dem Wasser stiegen, und der Regen setzte wieder mächtig ein, aber wir hatten ja unser doppeldachiges Sechserzelt, das Wasser für die Suppe dampfte unterm Vordach und die Kleider ruhten im Schermen. Allerdings stellte sich bald heraus, daß das Sechserzelt eine verflixt niedere Angelegenheit war. Beim Umkleiden legte man sich mit Vorteil auf den trefflichen Stamoidboden, und nach Suppe und Brot krochen wir bald einmal in unsere Schlafsäcke.

Der neue Tag begann mit Regen. In dünnen Strähnen rann er unentwegt vom Himmel, die Landschaft ganz grau in grau. Vom Ufer hörte man das Gekrächz der Bleßhühner, die sich im Schilf stritten, und vor allem das ununterbrochene Trommeln aufs Zelttuch. Das Vorzelt hielt der Beanspruchung nicht mehr stand, es begann zu «seichen». Die Wiese, die wir uns ausgesucht hatten, wies zahlreiche Pfützen auf. Die Stimmung war etwas gedrückt, besonders nachdem sich beim Eingang die ersten Tröpfchen am Zelthimmel bildeten. Trotzdem kramte ich aus der Satteltasche meines Rades die Fischereiutensilien, und Heini dachte bereits an eine Bouillabaisse oder wenigstens an Eglifilets, als ich Schnur, Angel und Zapfen an eine Haselrute band. Ganz kunstgerecht war die Sache nicht, und ich begann mich zu ärgern, daß ich meine geliebte Stahlrute, ein Geschenk meines Vaters, nicht hatte mitnehmen können. Sie steht heute noch in meinem Keller und hat es mittlerweile auf eine reiche Kenntnis schweizerischer Gewässer gebracht. Auch machte ich mit ihr vor wenigen Jahren ganz in der Nähe des Seerestaurants «Fischstube» am untern Ende des Zürichsees meine bis dato größte Beute. Unter reger Anteilnahme der Gäste, die beim Anblick der total durchgebogenen Rute von ihren Plätzen auf der Terrasse aufstanden und gespannt auf die Wasseroberfläche starrten, die langsam von einem schwärzlichen Ast zerteilt wurde. Im Fischen blieb ich seit jeher von größern Erfolgen verschont. Es waren eigentlich bloß lebensmüde Weißfische, die sich wohl absichtlich in meine Angel verbissen. Bei der Qualität gewisser schweizerischer Gewässer dürfte es den Fischen an der Luft wohler sein als im Wasser.

Regen, wußte Heini, ist fürs Fischen das richtige Wetter. So hockten wir uns auf einen Brettersteg, an dessen Längsseite ein halbvollgelaufener Holzkahn schwappte, und badeten ein bißchen Brot an der Angel. Ich weiß nicht, ob Sie schon bei strömendem Regen gefischt haben. Wasserverbundener kann man gar nicht mehr sein. Von oben Wasser, unten Wasser, Wasser, das vom Regenschutz über die Hosenstöße in die Schuhe rann. Der Zapfen legte sich mutlos quer aufs Wasser.

Eine Unzahl sich ausdehnender Ringe bezeichnete die Tropfen, die aufs Wasser schlugen, und als Heini nach einer Viertelstunde rief: «Aber jetzt muß doch einer dran sein!», war's natürlich nichts. Es wurde ein langer Morgen. Selbst als wir den Köder wechselten und zu recht ausgefallenen Dingen vorstießen, wie Butterbrot, Mettwurst, Schachtelkäse, Salami und Landjäger, war nichts zu wollen. Heini versuchte sogar, Heuschrecken zu erbeuten, was bei Regenwetter etwa gleichbedeutend ist, wie am Nordpol Rosen zu pflücken. Regenwürmer, schoß es uns plötzlich durch den Kopf, Regenwürmer! Und in der Tat, mit zwei Heringen unseres Zeltes durchwühlten wir den aufgeweichten Boden und förderten einige ans Tageslicht. Und tatsächlich, diese Regenwürmer! Nicht daß die Fische am Ufersaum wie Piranhas auf unsere Angel zuschossen, auch die berühmten Welse des Murtensees blieben fern, doch kam allmählich etwas Bewegung in unsern Zapfen. Er trudelte einmal in diese, einmal in jene Richtung, es war, den Regenwürmern sei Dank, auf einmal etwas los, und schließlich konnte trotz einfachster Ausrüstung der erste Erfolg vermeldet werden: eine halbpfündige Schwale, zu der sich später noch ein paar Leugel gesellten, die sich ziemlich unlustig in unserm Kochgeschirr drängten. Damit waren wir aber keineswegs unserer Sorgen enthoben, im Gegenteil. Nun folgte das leidige Problem des Tötens und der Zubereitung. Ich brummte etwas von braten und à la meunière, aber dazu fehlte uns die Butter, und so delektierten wir uns eben an unsern mitgebrachten Würsten und ließen unsere Beute feige im Kochtopf zurück. Immerhin, fand Heini, nachdem wir aus unserer Behausung einen Blick ins Freie warfen, wenigstens kommen die Fische immer zu frischem Wasser. Und unter trübsinnigen Betrachtungen, ob uns bei Anhalten der Regenperiode allmählich Schwimmhäute und Kiemen wachsen würden, trommelte uns der Regen in den Schlaf. In der Nacht weckte uns kurz ein seltsames Geschrei und Gefauche, vermischt mit dem Scheppern von Blech.

Am Morgen war der vordere Teil des wasserundurchlässigen Bodens mit einer hübschen Lache bedeckt. Immerhin bestand ein nicht zu unterschätzender Vorteil des Sechserzeltes darin, daß man zusammenrücken konnte. Weil der Regen nicht aufhörte, war dieser Vorteil besonders augenfällig. Von Stunde zu Stunde rückten wir näher zusammen, nur kurz unterbrochen von einem Lokaltermin beim Kochtopf, der anscheinend von Katzen ausgeplündert worden war.

War anfänglich der wasserbedeckte Teil des Zeltbodens eine Quantité négligeable, so änderte sich dies im Laufe des Tages, indem uns für die dritte Nacht nach dauerndem Rutschen und Verschieben von Gepäck nur mehr ein kleines trockenes Plätzchen verblieb, von dem aus wir dem Regen lauschen konnten. Zwar versuchten wir, mit gebrauchter Unterwäsche, Socken und Taschentüchern, mit Badehosen und Frottiertüchern eine Art Damm zu bauen, ein Unterfangen, dem leider kein Erfolg beschieden war. Denn wir streckten uns im Schlaf zu unserer vollen Länge aus und zerstörten dabei unbeabsichtigt die treffliche Sperre, worauf sich unsere Schlafsäcke sehr schnell und gründlich mit Wasser vollsogen. Ich weiß jetzt wenigstens, was ein Wasserbett ist! Am nächsten Morgen war alles naß. Einzig die Suppe in ihrem Stanniolbeutel hatte die Sintflut trocken überstanden. «Vermutlich», brummte Heini, «hat Noah nur dank Knorr überlebt.» Der Zucker hatte sich aufgelöst, das Brot ähnelte einem vollgesogenen Schwamm, das Papier der Teebeutel war geplatzt, und alles bildete mit den kläglichen Resten der Wassersperre und den tropfnaßen Schlafsäcken eine unappetitliche Masse, von der wir uns in Aussehen und Gemütslage nur unwesentlich unterschieden. Trotzdem, etwas Warmes tat uns dringend not, und so schütteten wir unser Suppenpulver in den mit Wasser gefüllten Kochtopf. Leider waren auch die Streichhölzer feucht geworden, und so konnten wir den Spirituskocher nicht in Betrieb nehmen. Nur wer einmal Knorrs Frühlingssuppenpulver aus kaltem Wasser gelöffelt hat, weiß, wie uns zumute war.

Selbst die Sonne, die mehr als zaghaft aus Wolkenfetzen hervorguckte, vermochte unseren Entschluß nicht mehr aufzuhalten: Expedition abbrechen. Unsere Arche wurde demontiert, die Tücher ausgewrungen und das Wasser auf dem undurchlässigen Boden in die Wiese geschüttet. Trübselig verließen wir den Schilfgürtel mit dem jetzt sehr schwergewichtigen Sechserzelt und stießen unsere Räder zur Landstraße. Den Regenschutz über den Lenker gelegt, strampelten wir uns allmählich warm. Noch war unsere Unternehmungslust nicht völlig gebrochen. Wir erkundigten uns am Telefon über den Wetterbericht, der uns dann allerdings den k. o.-Schlag versetzte, indem von einem ausgedehnten Tief die Rede war.

Immerhin, in Bern leisteten wir uns in einer Altstadtbeiz ein währschaftes Essen, und die ebensolche Wirtin spendierte uns durchnäßten Radlern einen schwarzen Kaffee. Geschlagen und feucht saßen wir auf unsern Stühlen und berichteten der Frau, die sich neben uns gesetzt hatte, von unsern Erlebnissen.

«Und mit den Mädchen?» fragte sie, «was war denn mit den Mädchen?» Ja, so fragten wir uns auch, so zwischen Bärengraben und Bundeshaus, daran hatten wir eigentlich gar nicht gedacht.

Es kommt mir heute vor, als habe jener lange Regen die Bubenzeit unmerklich weggespült. Irgendwo am Murtensee beendeten wir einen ersten Lebensabschnitt, und ein anderer begann, als wir dem anzüglichen Verkäufer das durchnäßte und seiner Meinung nach unbenützte «Sexerzelt» zurückbrachten.

DONALD AHRENS

Der Fahrradklau geht um

Es gibt unzählige Radfahrer, die überhaupt nichts von neuen, modernen Fahrrädern wissen wollen. Sie fahren alte Nostalgievehikel und freuen sich, unmoderne Räder zu benutzen. Für sie sind alte Fahrräder ein wenig Rückkehr zu alten Zeiten; sie lieben die alten Dinge, und eins davon ist auch ihr altes Fahrrad.

Sie trennen sich niemals von ihren alten Drahteseln, und deshalb sollte man auch nie versuchen, ihnen neue Fahrräder oder überhaupt körpergerecht angepaßte Räder schmackhaft zu machen. Es sind ihre eigenen Energien, die sie nutzen oder vergeuden – und das ist ausschließlich ihre eigene Sache.

Nur wenn man eine Radtour plant, und jemand möchte mit seiner alten Klapperkiste mitfahren, während die anderen Teilnehmer auf modernen

Rädern sitzen, sollte man darauf hinweisen, daß er benachteiligt ist und nie Schritt halten kann.

Für moderne Menschen, die mit beiden Beinen in der Wirklichkeit stehen, ist es selbstverständlich, durch Fahrradfahren Energie einzusparen. Und es ist genauso selbstverständlich, daß man als Alternative zum Motorfahrzeug das technisch beste Gerät benutzt, das die eigenen Energien nicht sinnlos vergeudet, sondern gut nutzt. Die besten Fahrräder sind gerade gut genug – wer wird sich denn auf anstrengenden, schweren Tourenrädern von Anno Tobak abquälen, wenn es auch anders geht.

Fahrräder, ob alt oder neu, sind beliebte Objekte für Langfinger. Die neuen werden verkauft, während die alten, die die Besitzer selbst nicht auf der Rechnung haben und deshalb auch nicht abschließen, einfach so mitgenommen und dann weggeworfen werden. Auch in den Augen der Kinder sind Fahrräder begehrenswerte Objekte, die gern geklaut werden. Wie schützt man sich vor Diebstahl?

Durch sogenannte «Sicherheitsvorrichtungen».

Die meisten Drahtesel kommen mit einem kleinen Steckschloß am Hinterrad aus der Fabrik; einem lustigen, völlig unbrauchbaren Ding, das die schöne Linie eines Fahrrads verunziert, das man leicht abbiegen oder abbrechen kann, das aber bei Nichtbenutzung Vorübergehende zu üblen Scherzen veranlaßt: Der kleine Schlüssel steckt, wenn das Schloß nicht benutzt wird, fest darin, und jeder kann es in die Speichen drücken und den Schlüssel mitnehmen.

Teure Räder werden schon mit eingebauten Stahlschlössern in Ringform am Hinterrad ausgerüstet, ein Stahlbügel greift durch die Speichen und rastet auf der anderen Seite fest ein. Solche Schlösser sind kaum zu knacken. Ähnliche Stahlriegelsicherungen, aber mit dicken, geraden Bolzen, sind genauso sicher. Trotzdem ist ein zweites Schloß mit Stahlbügeln oder einer Stahlkette aus gehärtetem Stahl empfehlenswert.

Warum? Fahrraddiebe schultern auch abgeschlossene Räder und marschieren unbeanstandet davon. Die Schlösser knacken sie in Ruhe daheim. Man braucht ein zweites Schloß, um das Vorderrad zu sichern und das ganze Fahrrad an etwas Festem anzuschließen (Laternenpfahl, starkes Gitter o. a.). Die alten Drahtseilschlösser kann man vergessen. Sie sind ohne Schwierigkeiten durchzuknipsen, genauso unsicher wie die Nummernschlösser, die für Kinderräder dagegen empfehlenswert sind, weil diese fast ausschließlich von Kindern oder Jugendlichen gestohlen werden. Teure Erwachsenenräder sind jedoch Lieblingsobjekte für erwachsene Ganoven. Und diese lächeln nur, wenn sie die antiken Spielzeugschlösser sehen.

Dafür gehen sie mit Verbitterung an einem guten Rad vorbei, an dem nicht nur beide Räder abgeschlossen sind, sondern das auch noch irgendwo fest angekettet ist. Der Besitzer kann sein Rad sogar nachts auf der Straße stehenlassen, während er im Kino, in der Kneipe oder bei der Liebsten hockt. Der Laie hat keine Ahnung, wie schnell ein Profi ein Vorder- oder Hinterrad abmontiert, das nicht mit einem Schloß gesichert ist. Deshalb gilt die Regel: Wer sein Fahrrad abstellt, muß es so sichern, daß weder Räder abmontiert noch das ganze Rad weggetragen werden kann.

Es gibt in den Fahrradgeschäften verschieden lange, plastikumhüllte Stahlketten mit Panzerschlössern und Stahlbügelschlösser zu kaufen. Sie sind nicht billig, aber sie geben dem abwesenden Besitzer Beruhigung.

KURT TUCHOLSKY

1372 Fahrräder

Ein Polizeipräsidium... das ist so ein muffiger Kasten mit langen Korridoren, mit unzählig vielen Türen, und alle Zimmer sind schlecht gelüftet, die Leute sind unfreundlich, und man ist froh, wenn man wieder draußen ist. Ausnahmen gibt es vielleicht. Eine Ausnahme gibt es sicher: das ist das Polizeipräsidium in Kopenhagen.

Ein bezauberndes Stück Architektur. Ein Riesengebäude, das zwölfeinhalb Millionen Kronen gekostet hat; sauber, sachlich, einfach und praktisch. Es hat einen kreisrunden Hof, der zum schönsten gehört, was man sich denken kann. Wenn, wie man mir erzählt hat, der Geist der Verwaltung ebenso ist wie diese Architektur... glückliches Dänemark!

Und in diesem Polizeipräsidium haben sie unten im Erdgeschoß die verlorenen Fahrräder eingesperrt. Da hängen sie. Kopenhagen, wie männiglich bekannt, ist die Stadt der Fahrräder; es soll Kopenhagener geben, die keines besitzen, aber das glaube ich nicht. Wenn die Kinder anderswo zur Welt kommen, schreien sie – in Kopenhagen klingeln sie auf einer Fahrradklingel. So viele Fahrräder gibt es da.

Im Polizeipräsidium hängen 1372 Fahrräder, alle mit dem Kopf nach unten, wenn das nicht ungesund ist! Alte und junge, fröhliche und traurige, auch die Kinderabteilung: Da hängt ein kleiner «Roller», mit dem die Kinder spielen, und drei Motorräder sind auch da. Alles das wird monatlich einmal verauktioniert.

«Ja, holen sich denn die Leute ihre Räder nicht ab?» – «Nein», sagt der dicke Mann vom Präsidium, «viele nicht. Sie kaufen sich einfach ein neues. Ein Fahrrad, was ist denn das!» In Kopenhagen scheint es den Wert eines Zahnstochers zu haben.

Die langen Räume des Polizeipräsidiums, in denen die Fahrräder hängen, erinnern an einen Hundezwinger. Verlaufene Räder ... ich rühre eines an, leise dreht sich das Vorderrad ... wem gehörst du? Schade, daß Fahrräder nicht mit dem Schwanz wedeln können.

So ein Rad bringt nachher auf der Auktion nicht viel ein, zwanzig Kronen etwa. Dafür kann man es schon wieder verlieren.

Wenn man es aber nicht verliert, dann fährt man damit, und in Kopenhagen kann man sich für sein Fahrrad Luft kaufen. Wie bitte? Luft kaufen, ganz richtig. Der Fahrradmann geht an eine automatische Pumpe, wirft fünf Öre hinein und pumpt sein Rad voll. Das trinkt und dann rollt es vergnügt weiter. So ein Land ist das.

Da hängen sie. Alle an langen Gestellen, und sie sind doch so verschieden voneinander. Manche sehen zornig aus, manche heiter, manche schlafen. Man müßte Andersen bitten, hier einen Nachmittag lang herumzugehen – was gäbe das für ein hübsches Märchen! Ob Fahrräder lebendige Junge bekommen?

Da hängen sie. Sauber und freundlich ist es, praktisch und vernünftig eingerichtet. Schade, daß in den Staaten der Welt nicht alles so gut funktioniert wie die Fundbüros. Es wäre eine Freude zu leben. Hundert Meter weiter, im selben Haus, werden Menschen aufbewahrt: Untersuchungsgefangene. Und das sieht dann gleich ganz anders aus. Mit 1372 Fahrrädern ist eben leichter fertig zu werden als mit vier lebendigen Menschen.

Wenn Sie aber nach Kopenhagen kommen, dann versäumen Sie nicht, sich das Polizeipräsidium anzusehen. Man wird es Ihnen gern zeigen, und Sie werden an Paris denken müssen; an jene staubige Festung auf der Cité, wo geronnener Angstschweiß an den Wänden klebt und wo man Ihnen einen Unterricht in französischer Unhöflichkeit gibt, einer sehr seltenen Sache, daher wird sie den Fremden auch zuerst gezeigt.

Ja, Kopenhagen... Ob Fahrräder schwimmen können? Es wäre ja denkbar, daß die 1372 eines Nachts ausbrächen, dann rollen sie mutterseelenallein durch die Stadt, an den Hafen, stürzen sich ins Wasser, durchschwimmen die See, von der ich nie lernen werde, wie sie heißt: Kattegat oder Großer Belt oder Kleiner Belt, und dann fahren sie dahin, nach dem Festland, wo sie gleich in eine politische Partei eingereiht werden. Am nächsten Morgen kommt der dicke Mann in den Fahrradzwinger, findet ihn leer und kratzt sich hinter den Ohren. Am Abend sind alle Fahrräder wieder da: Es hat ihnen drüben nicht gefallen.

Das kann man keinem verdenken. Grüß Gott, Kopenhagen...!

EMILE ZOLA

Der Ausflug

Pierre hatte sich mit den drei Neffen angefreundet und in kurzer Zeit von ihnen das Radfahren gelernt. So konnte er sie auf ihren morgendlichen Ausfahrten begleiten; zweimal war er ihnen, genau wie Marie, schon über die hart gepflasterten Straßen beim See von Enghien gefolgt. Eines Morgens wollte das junge Mädchen mit ihm und Antoine zum Wald von Saint-Germain fahren. Antoine kam aber im letzten Moment doch nicht mit. Marie trug Hosen aus schwarzem Leinen, eine kurze

Jacke aus demselben Stoff und eine Bluse aus Wildseide. Der Aprilmorgen war hell und mild, und voller Freude rief sie: «Ach, ist nicht so schlimm, ich nehme Sie trotzdem mit, dann sind wir halt nur zu zweit... Sie müssen unbedingt erleben, wie herrlich es ist, auf einer richtigen Straße zwischen schönen Bäumen hindurchzufahren.»

Da er noch nicht wieder ganz genesen war, beschlossen sie, bis Maison-Laffitte mit den Rädern im Zug zu fahren. Dort wollten sie dann den Wald durchqueren, bis hinauf nach Saint-Germain, und von da aus wieder mit dem Zug zurückkehren.

«Seid ihr zum Mittagessen wieder da?» fragte Guillaume, den die Unternehmung belustigte. Er lächelte seinem Bruder zu, der ebenfalls schwarz gekleidet war, mit schwarzen Wollstrümpfen, Kniehosen und einer Jacke aus schwarzem Cheviot.

«Aber gewiß», sagte Marie. «Es ist gerade erst acht, wir haben Zeit genug. Ihr könnt ja schon mit dem Essen beginnen, falls wir später kommen.»

Es war ein prächtiger Morgen. Am Anfang schien es Pierre, als sei er mit einem guten Freund unterwegs, und so hatte dieser Ausflug in der lauen Frühlingssonne etwas ganz Natürliches. Ihre fast gleiche Kleidung, die so viel Bewegungsfreiheit bot, trug vermutlich zu dieser ungezwungenen

Brüderlichkeit bei, ebenso die gesunde frische Luft, der Spaß an den gemeinsamen Bewegungen, die Freude, sich in der Natur ganz frei zu fühlen.

Sie waren die einzigen Fahrgäste in ihrem Waggon, und Marie erzählte aus ihrer Zeit im Pensionat.

«Sie können sich nicht vorstellen, mein Freund, wie wir am Reck geturnt haben, damals in Fénélon! Wir schnürten unsere Röcke einfach mit Bindfaden zusammen, um besser laufen zu können. Sie wagten es damals noch nicht, uns in Hosen herumrennen zu lassen, wie ich sie jetzt anhabe. Wir schrien, sprangen, hüpften, unsere Haare flogen, und wir waren schließlich ganz rot im Gesicht... Deshalb haben wir aber trotzdem nicht schlechter gearbeitet. In der Studierstube waren wir ebenso eifrig wie in der Pause, wir kämpften darum, mehr zu wissen als die anderen und Klassenbeste zu werden!»

Sie lachte aus vollem Herzen, und Pierre sah sie verzückt an. Rosig und gesund war sie mit ihrem schwarzen Filzhütchen, das mit einer langen Silbernadel am Haarknoten befestigt war. Ihr herrliches braunes Haar trug sie hochgesteckt, und so wurde ihr kühler Nacken sichtbar, der sich eine kindliche Zartheit bewahrt hatte. Nie war sie ihm trotz ihrer kräftigen Statur so leicht erschienen, ihre stämmigen Hüften, ihr breiter Brustkorb waren von zauberhafter Anmut. Wenn sie lachte, brannten ihre Augen vor Freude, die unteren Gesichtspartien, ihr Mund und ihr Kinn, die ein wenig kräftig waren, strahlten Freundlichkeit aus.

«Diese Hosen, diese Hosen!» fuhr sie lachend fort. «Wenn man bedenkt, daß es Frauen gibt, die beim Radfahren unbedingt ihren Rock anbehalten wollen!»

Als er ihr sagte, ihre Kleidung stehe ihr sehr gut, übrigens nicht, um ihr zu schmeicheln, sondern nur als Feststellung, da antwortete sie: «Ich? Ich zähle doch nicht. Ich bin keine Schönheit, ich fühle mich nur wohl, das ist alles. Verstehen Sie das? Da haben Frauen die Gelegenheit, es sich richtig bequem zu machen, davonzufliegen wie die Vögel, die Beine endlich aus ihrem Gefängnis zu befreien, und sie weigern sich! Wenn sie glauben, sie wären schöner mit kurzen Schulmädchen-Röcken, dann irren sie sich! Und Schamgefühl sollte man eher haben, wenn man seine Schultern zeigt und nicht bei entblößten Waden!»

Sie machte eine schnelle, lebhafte Handbewegung. «Beim Fahren denkt man doch an all das gar nicht. Es kommen nur Hosen in Frage, Röcke sind ketzerisch.»

Jetzt schaute sie ihn an, und sie muß in diesem Moment sehr erstaunt gewesen sein über die Veränderung, die mit ihm seit dem Tag ihrer ersten Begegnung vorangegangen war. Er hatte so finster gewirkt mit seiner langen Soutane und dem mageren, blassen, von Angst gezeichneten Gesicht. Man hatte dahinter die Verzweiflung des Nichts gespürt, die Leere eines Grabes, dessen Asche der Wind hinweggeweht hat. Es war wie eine Auferstehung. Sein Gesicht hellte sich auf, seine hohe Stirn zeigte die Heiterkeit dessen, der Hoffnung schöpft, Augen und Mund hatten etwas von ihrer vertrauenerweckenden Freundlichkeit wiedergefunden und drückten ein Verlangen nach Liebe, Hingabe und Leben aus. Nichts ließ mehr den Priester in ihm erkennen, nur die kürzeren Haare an der Stelle, wo einst die Tonsur gewesen war. Aber deren Blässe war im Schwinden.

«Warum sehen Sie mich an?» fragte er.

Sie antwortete ganz unbefangen: «Ich sehe, wie sehr die Bewegung und die frische Luft auch Ihnen guttun. So mag ich Sie wirklich lieber. Sie sahen ja vorher so elend aus! Ich dachte schon, Sie wären krank.»

«Das war ich auch», sagte er nur.

Da hielt der Zug in Maison-Laffitte. Sie stiegen aus und schlugen die Straße zum Wald ein. Bis zur Porte des Maisons steigt sie leicht an und ist an Markttagen mit Karren vollgestellt.

«Ich fahre voraus, ja?» rief Marie fröhlich. «Weil Sie noch Angst vor den Autos haben!»

Sie fuhr an ihm vorbei, aufrecht saß sie auf dem Sattel und wandte sich ab und zu um, ob er ihr auch folgte. Dabei lächelte sie. Jedesmal wenn sie ein

Auto überholt hatten, sagte sie, um ihn zu beruhigen, daß ihre Räder, die beide von Grandidier stammten, ausgezeichnet seien. Das bekannte Modell Lisette habe Thomas selbst mitentwickelt und die Konstruktion noch verbessert. In den Bon-Marché-Läden koste es hundertfünfzig Franc. Vielleicht sähen sie etwas schwerfällig aus, dafür seien sie aber besonders solide und widerstandsfähig. Richtige Fahrmaschinen, wie sie sagte.

«Ah, da ist ja schon der Wald! Jetzt brauchen wir nicht mehr bergan zu fahren, und Sie werden schöne Straßen kennenlernen. Man fährt darauf wie auf Samt.»

Pierre war näher an sie herangefahren, und nun rollten sie Seite an Seite im ebenmäßigen Flug über die breite, gerade Straße zwischen der prächtigen Doppelkulisse hindurch, den die Alleebäume bildeten. Sie redeten freundschaftlich miteinander.

«Jetzt fühle ich mich schon recht sicher, Sie werden sehen, Ihr Schüler wird Ihnen Ehre machen.»

«Daran hab ich nicht den geringsten Zweifel, Sie haben genau die richtige Haltung, und irgendwann können Sie es viel besser als ich, denn bei diesem Spiel können Frauen nicht mit den Männern mithalten. Trotzdem, was für eine gute Erziehung das Radfahren doch für Frauen bedeutet!»

«Wie meinen Sie das?»

«Darüber habe ich meine eigenen Vorstellungen. Wenn ich eines Tages eine Tochter habe, werde ich sie mit zehn Jahren auf ein Fahrrad setzen, damit sie lernt, im Leben zurechtzukommen.»

«Erziehung durch Erfahrung.»

«Ja, vielleicht. Sehen Sie sich doch die großen Mädchen an, die immer noch am Rockzipfel ihrer Mütter hängen. Man macht ihnen vor allem und jedem Angst, verbietet ihnen jede Eigeninitiative, ermuntert sie weder zu einem eigenen Urteil noch dazu, einen eigenen Willen zu haben, so daß sie nicht einmal über die Straße gehen können, weil sie alle möglichen Hindernisse fürchten. Wenn man sie ganz jung auf ein Fahrrad steigen und sie auf den Straßen fahren ließe, müßten sie die Augen aufmachen, um Steinchen zu umfahren und rechtzeitig auszuweichen, wenn ein Hindernis auftaucht. Angenommen, ein Auto kommt in schnellem Tempo angefahren, oder irgendeine Gefahr stellt sich ein. Da muß sie sich entscheiden und den Lenker richtig festhalten, damit sie nicht ihrer Glieder verlustig geht. Finden Sie nicht, daß hierdurch der Wille geübt wird, daß man dabei bestens lernt, sich richtig zu verhalten und zu verteidigen?»

Er lachte. «Sie würden alle viel zu stark werden.»

«Stark werden, genau das ist es doch. Man muß

so stark wie möglich sein, um gut und glücklich zu werden. Die, welche den Steinchen ausweichen und richtig auf der Straße fahren, können auch in der Gesellschaft und im Gefühlsleben Schwierigkeiten meistern, den besten Weg wählen, eine offene, ehrliche und sichere Intelligenz entwickeln. Das macht die ganze Erziehung aus: Wissen und Wollen.»

«Das bedeutet ja Frauenemanzipation durch das Fahrrad!»

«Mein Gott, warum denn nicht? Immerhin haben wir doch schon ein ganz schönes Stück Wegs hinter uns! Die Hose, die den Beinen Freiheit gibt, gemeinsame Ausflüge, die die Geschlechter zusammenbringen und einander gleich machen, Frauen und Kinder, die dem Mann überallhin folgen, zwei Kameraden wie wir, die gemeinsam durch Wald und Feld fahren, ohne daß das jemanden erstaunt. Eine besondere Errungenschaft sind die Bäder im Freien, jene Rückkehr zu unserer gemeinsamen Mutter, der Erde, die neue Kraft und Freude, die wir in ihr schöpfen können! Sehen Sie nur, ist dieser Wald, durch den wir gerade fahren, nicht wunderbar? Was für frische Luft in unsere Lungen dringt! Wie sie reinigt, beruhigt und uns Mut macht!»

Der Wald, in der Woche menschenleer, war sanft und mild, ein dichter Hochwald zu beiden Seiten, übersät mit sonnigen Flecken. Die Sonne stand noch schräg und beschien nur eine Seite der Straße, auf der anderen wirkte das Grün noch beinahe schwarz. Welch ein Vergnügen, wie eine Schwalbe, die dicht über dem Boden fliegt, durch diese prachtvolle Straße zu fahren in der frischen Luft, vorbei an Blattwerk und Gras, dessen starker Duft einem in die Nase dringt! Sie schauten kaum noch zu Boden, ihnen waren Flügel gewachsen, die sie mit Elan durch Sonne und Schatten führten, durch den großen, zitternden Wald mit seinen Moosen und Quellen, Tieren und Düften.

An der Kreuzung der Croix-de-Noailles wollte Marie nicht Pause machen. Sonntags waren dort zu viele Menschen, und sie kannte andere einsame Ecken, in denen man sich herrlich ausruhen konnte. Die Straße in Richtung Poissy wurde abschüssig. Sie steckte Pierre mit ihrer Begeisterung an, und beide ließen ihre Räder durchgehen. So überkam sie die wohltuende Benommenheit des hohen Tempos, ein berauschendes Gefühl des Gleichgewichts in dem mitreißenden Strudel schneller Fahrt, der einem fast den Atem nimmt, während die graue Straße unter den Füßen dahinflieht und die Bäume zu beiden Seiten sich neigen wie die Rippen eines sich öffnenden Fächers. Der Wind bläst wie ein Sturm, man fährt dem Horizont entgegen, ins Unendliche, weit weg und immer weiter. Hoffnung ohne Ende, Befreiung von engen Banden in der Bewegung durch den weiten Raum.

Nichts erregt einen mehr, und die Herzen hüpfen bis in den Himmel.

«Wir fahren nicht nach Poissy», rief sie, «wir biegen links ab!»

Sie nahmen den Weg von Achères nach Loges. Er wurde schmaler und steiler, schattig und einsam. Sie fuhren langsamer und mußten den Hügel hinauf kräftig in die Pedale treten, Kies lag auf dem Weg. Er war jetzt weniger gut zu befahren, sandig und durch die letzten Regengüsse von Rillen durchzogen. Aber bereitete die Mühe nicht auch Vergnügen?

«Sie werden es schaffen, es macht Spaß, Hindernisse zu überwinden. Ich hasse Straßen, die allzu lange glatt und eben sind. Eine kleine Steigung kann, wenn sie die Beine nicht zu sehr anstrengt, eine schöne Überraschung sein. Man wird wach davon. Und es tut so gut, sich stark zu fühlen und trotz Regen, Wind und Steigung weiterzufahren!»

Ihre Munterkeit und Kühnheit entzückten ihn. «Dann sind wir also auf unserer Tour de France?» fragte er lachend.

«Nein, nein, wir sind am Ziel! Sie haben doch nichts dagegen, sich ein wenig auszuruhen, oder? Finden Sie nicht, es hat sich gelohnt, hierher zu kommen und sich an diesem schönen ruhigen und kühlen Ort ein wenig hinzusetzen?»

Leichtfüßig sprang sie vom Rad und schlug einen Pfad ein, und nach fünfzig Schritten rief sie ihm zu, er solle ihr folgen. Die beiden Fahrräder hatten sie an einen Baumstamm gelehnt und standen nun auf einer kleinen Lichtung. Es war das entzückendste Blätternest, das man sich wünschen konnte. Der Wald war an dieser Stelle von einsamer Pracht. Der Frühling verlieh ihm eine ewige Jugend, die Blätter waren von zarter Leichtigkeit, wie feiner grüner Filigran, den die Sonne mit Gold bestäubt. Ein Lebenshauch stieg von den Gräsern auf, kam von fernen Wäldern her, war gewürzt von den kräftigen Gerüchen der Erde.

«Es wird einem glücklicherweise noch nicht zu warm», sagte sie, setzte sich am Fuß einer jungen Eiche nieder und lehnte sich an den Stamm. «Im Juli werden Damen immer rot im Gesicht, weil ihnen der Puder herunterrinnt. Man kann nicht immer schön sein.»

«Mir ist nicht kalt», sagte Pierre, der sich zu ihren Füßen niedergelassen hatte und sich die Stirn abwischte.

Sie lachte und sagte, nie hätte er so viel Farbe im Gesicht gehabt. Endlich habe er Blut unter der Haut, man könne das richtig sehen. Dann redeten sie miteinander wie zwei Kinder, zwei Spielkameraden, lachten über dumme Streiche und fanden die kindischsten Dinge amüsant. Dann aber begann sie sich um seine Gesundheit zu sorgen und sagte ihm, er solle nicht im Schatten sitzen bleiben, da ihm so warm sei. Um sie zu beruhigen, mußte er den Platz wechseln und den Rücken der Sonne zuwenden. Dann rettete er sie vor einer Spinne, einer großen schwarzen, die sich mit den Beinen in ihrem flaumigen Nackenhaar verfangen hatte. Mit einem schrillen Schreckensschrei war die Frau in ihr wieder erwacht. Wie albern, solche Angst vor Spinnen zu haben! Sie versuchte sich zu beherrschen, aber ihr Gesicht war von tiefer Blässe, und sie zitterte. Nach einigem Schweigen sahen sie einander in die Augen. Sie liebten einander mit einem Gefühl der Freundschaft, das ihnen beiden brüderlich schien, inmitten des frühlingshaften Waldes. Sie war froh, daß sie ihm so viel Aufmerksamkeit geschenkt hatte, er war dankbar für die Genesung und die Gesundheit, die ihm durch sie zuteil geworden war. Sie senkten nicht den Blick, und ihre Hände, mit denen sie durch das Gras fuhren, berührten einander nicht. Sie waren ahnungslos und rein wie die großen Eichen um sie herum. Nachdem sie ihn gehindert hatte, die Spinne zu töten, da Zerstörung ihr angst machte, begann sie wieder ganz vernünftig über alles mögliche zu reden, wie ein Mädchen, das weiß, worauf es ankommt, und das unbeschwert sein Leben lebt. Sie war ganz sicher, immer nur das zu tun, was sie sich vorgenommen hatte.

«Sagen Sie nur», rief sie schließlich, «zu Hause warten sie mit dem Essen auf uns!»

Sie standen auf und schoben ihre Fahrräder zur

Straße zurück. Dann fuhren sie wieder los, radelten an Loges vorbei und erreichten Saint-Germain über die prachtvolle Avenue, die bis zum Schloß führt. Sie fanden es herrlich, wieder nebeneinander zu fahren wie ein Vogelpaar, das sich in gleichem Flug bewegt. Die Fahrradklingeln läuteten, die Ketten rauschten leise. Im frischen Fahrtwind nahmen sie ihr Gespräch wieder auf, sie fühlten sich wohl in ihrer Zweisamkeit, wie isoliert von der Welt, weit fort und in die Höhe getragen.

Im Zug, der sie von Saint-Germain nach Paris zurückbrachte, entdeckte Pierre, daß Maries Wangen plötzlich purpurrot geworden waren. Zwei Damen saßen mit ihnen im Abteil.

«Diesmal ist Ihnen warm!»

Sie protestierte, aber ihr Gesicht entflammte immer mehr wie von heftiger Scham. «Mir ist gar nicht warm! Hier, fassen Sie meine Hände an. Das ist ja wirklich lächerlich, so rot zu werden ohne Grund.»

Er begriff. Unfreiwillige Blüten ihres jungfräulichen Herzens waren ihr auf die Wangen geschossen, was sie sehr verdrießlich stimmte. Ohne Grund, wie sie sagte. Ihr Herz, das in der Einsamkeit des Waldes so unschuldig schlief, schlug, ohne daß es ihr bewußt wurde.

QUELLENVERZEICHNIS

An dieser Stelle danken wir den nachstehenden Rechtsinhabern, die uns freundlicherweise den Nachdruck folgender Beiträge gestatteten: Ammann Verlag, Zürich: *Hansjörg Schneider · Lob des Velos* (aus: «Ein anderes Land»); Copress Verlag, München: *Ferdinand Kübler · Früh übt sich, was ein Weltmeister werden will* (aus: «Training – Kämpfe – Große Siege»); Hoffmann und Campe Verlag, Hamburg: *Siegfried Lenz · Windfahrt* (aus: «Deutschstunde»); Lübbe Verlag, Bergisch Gladbach: *Donald Ahrens · Knigge für Radfahrer* und *Der Fahrradklau geht um* (aus: «Rund ums Fahrrad»); dem Autor: *Heinz Lüthi · Regen* (aus: «Der Mutsprung»); Rowohlt Verlag, Reinbek: *Kurt Tucholsky · 1372 Fahrräder* (aus: «Gesammelte Werke», Band III/Seite 998, 1960); Scherz Verlag, Bern: *Irene Dikkers · Radfahren ist gesund* (aus: «Mama wird's schon richten»); Franz Schneekluth Verlag, München: *Hans Blickensdörfer · Der Sieger* (aus: «Salz im Kaffee», © 1980); Touring Club der Schweiz, Genf: *Die Geschichte des Fahrrades in Kürze* (aus: «Handbuch für Radfahrer»); Tim Tügel, Hamburg: *Richard Dehmel · Radlers Seligkeit* (aus: «Gesammelte Werke in 10 Bd.», Band I).

In jenen Fällen, in denen es nicht möglich war, den Rechtsinhaber resp. Rechtsnachfolger zu eruieren, konnte ausnahmsweise keine Nachdruckerlaubnis eingeholt werden. Honoraransprüche der Autoren oder ihrer Erben bleiben gewahrt.

KLEINE BETTLEKTÜRE
FÜR MENSCHEN
MIT LIEBHABEREIEN

Angler · Autofahrer

Bergsteiger · Bierkenner

Blumenfreunde · Bücherfreunde

Computerfreaks · Eisenbahnfreunde

Fahrradfreunde · Fußballer

Gartenfreunde · Golfer

Hobbyköche · Hundefreunde

Kaffegenießer · Katzenfreunde

Musikfreunde · Naturfreunde

Opernfreunde · Pfeifenraucher

Pferdefreunde · Reiselustige

Segler · Teddybärenfreunde

Teetrinker · Tennisfans

Theaterfreunde · Tierfreunde

Wanderer · Wasserratten

Weinkenner

KLEINE BETTLEKTÜRE
ALS AUFMERKSAMKEIT UND
HERZLICHES DANKESCHÖN FÜR

Dich, mein Herz · Dich, mein Schatz

meine liebe Frau · die werdende Mutter

meine liebe Mutter · vielgeplagte Mütter

Frauen mit Herz und Verstand · Frauen mit Charme

meinen lieben Mann · den besten aller Väter

die allerbeste Großmutter

den verständnisvollen Großvater

die beste aller Schwiegermütter

meinen lieben Schwiegersohn

meine liebe Schwägerin · meinen lieben Schwager

meine liebe Tante

meine liebe Schwester · meinen lieben Bruder

eine gute Freundin · einen guten Freund

Männer mit Phantasie und Tatkraft · kluge Köpfe

Strohwitwer

liebenswürdige Gastgeber

die sympathische Kollegin · den netten Kollegen

den klugen Juristen

den wahren Lebenskünstler · den Linkshänder

einen lieben Mitmenschen · nette Nachbarn

KLEINE BETTLEKTÜRE FÜR

Alter-Fritz-Kenner · Bach-Freunde
Beethoven-Bewunderer · Brahms-Freunde
Wilhelm-Busch-Freunde · Ebner-Eschenbach-Freunde
Fontane-Freunde · Goethe-Freunde
Martin-Luther-Verehrer · Mozart-Verehrer
Storm-Kenner · Wagner-Verehrer

KLEINE BETTLEKTÜRE ALS HERZLICHE AUFMERKSAMKEIT FÜR EINEN BESONDEREN ANLASS

zur guten Besserung
als herzliches Dankeschön
als Gratulation zum Erfolg · für einen guten Start
zum freudigen Ereignis · zum Einzug in das neue Heim
für liebenswerte Geburtstagskinder
mit guten Wünschen zum 33., 40., 44.,
50., 55., 60., 65., 66., 70. Geburtstag
als Glücksbringer · zum Hochzeitstag
mit den schönsten Liebesgedichten
zur silbernen Hochzeit
für ein glückliches Leben zu zweit
für ein glückliches Leben im Ruhestand
zur Frühlings- und Osterzeit
für alle, die sich auf Weihnachten freuen
mit den besten Wünschen zum Jahreswechsel